DE OLHO NO
CLIENTE

DAVID FREEMANTLE

DE OLHO NO CLIENTE

50 pequenos passos para oferecer um atendimento extraordinário

SEXTANTE

Título original: *The Buzz: 50 Little Things That Make a Big Difference to Worldclass Customer Service*

Copyright © 2004 por David Freemantle.
Copyright da tradução © 2008 por GMT Editores Ltda.
Publicado originalmente por Nicholas Brealey Publishing, Londres e Boston, 2004.
Todos os direitos reservados. Nenhuma parte deste livro pode ser utilizada ou reproduzida sob quaisquer meios existentes sem autorização por escrito dos editores.
Publicado em acordo com Nicholas Brealey Publishing.

tradução
Myriam Campello

preparo de originais
Débora Chaves

revisão
Cristhiane Ruiz, Masé Sant'Anna e Tereza da Rocha

projeto gráfico e diagramação
Selênia Serviços

capa
Marcelo Pereira / Tecnopop

pré-impressão
ô de casa

impressão e acabamento
Bartira Gráfica e Editora S/A

CIP-BRASIL. CATALOGAÇÃO-NA-FONTE
SINDICATO NACIONAL DOS EDITORES DE LIVROS, RJ

F93o

Freemantle, David
 De olho no cliente / David Freemantle [tradução de Myriam Campello]. – Rio de Janeiro: Sextante, 2008.

 Tradução de: The buzz: 50 little things that make a big difference to worldclass customer service
 ISBN 978-85-7542-404-9

 1. Serviços ao cliente. I. Título.

08-2053

CDD: 658.812
CDU: 658.814

Todos os direitos reservados por
GMT Editores Ltda.
Rua Voluntários da Pátria, 45 – Gr. 1.404 – Botafogo
22270-000 – Rio de Janeiro – RJ
Tel.: (21) 2286-9944 – Fax: (21) 2286-9244
E-mail: atendimento@esextante.com.br
www.sextante.com.br

SUMÁRIO

INTRODUÇÃO, 7

OS 10 PRINCÍPIOS DO ATENDIMENTO DE ALTO NÍVEL, 11
1. Faça os clientes se sentirem especiais, 12
2. A primeira impressão precisa ser positiva, 14
3. É importante conversar com o cliente, 16
4. Personalize suas relações, 18
5. Mostre que você se importa, 20
6. Faça escolhas positivas, 23
7. Faça da curiosidade sua melhor estratégia, 26
8. Crie ótimas lembranças para os clientes, 28
9. Seja criativo e ousado, 30
10. Observe os clientes e determine suas necessidades, 32

OS CINCO PRINCÍPIOS DA EFICIÊNCIA E DA QUALIDADE, 35
11. Primeiro princípio: Cumpra o que foi combinado, 36
12. Segundo princípio: Tenha boas maneiras, 38
13. Terceiro princípio: Atenda as ligações rapidamente, 41
14. Quarto princípio: Diminua o tempo de espera, 43
15. Quinto princípio: Acompanhe o atendimento, 45

UMA FILOSOFIA DE TRABALHO CONSISTENTE, 49
16. Seja totalmente honesto e aberto, 50
17. Seja receptivo, 52
18. Seja flexível, 54
19. Dê aos clientes o benefício da dúvida, 57
20. Seja generoso com os clientes, 60

UMA EXPERIÊNCIA POSITIVA E MEMORÁVEL, 63
21. Seja simpático e esteja sempre disponível, 64
22. Dê as boas-vindas de forma calorosa, 67
23. Use a expressividade do olhar, 69
24. Trabalhe seu tom de voz, 71

25 Entre em contato com os clientes, 74
26 Escolha seu melhor sorriso, 76
27 Divirta-se com os clientes, 78
28 Comemore com os clientes, 81
29 Transforme seus clientes em celebridades, 83
30 Decore seu espaço pessoal, 85

A ENERGIA DO SUCESSO, 87

31 Invista no relacionamento com o cliente, 88
32 Seja compreensivo, 90
33 Largue o que estiver fazendo para ajudar, 93
34 Assuma a liderança, 95
35 Estimule o espírito de equipe, 97

UM ETERNO APRENDIZ, 101

36 Conheça seus clientes, 102
37 Preste atenção no que os clientes estão falando, 104
38 Aumente seu conhecimento dos produtos, 107
39 Atendimento nota 10, 109
40 Um desafio a cada dia, 112

A PSICOLOGIA DO COMPORTAMENTO, 115

41 Motive-se, 116
42 A preparação é a chave do sucesso, 118
43 A percepção para identificar oportunidades, 120
44 Arrisque-se junto com os clientes, 122
45 Use o bom senso, 125

UM RELACIONAMENTO DE QUALIDADE, 129

46 Elogie os clientes, 130
47 Chame seus clientes pelo nome, 132
48 Boas ações e gentilezas podem fazer a diferença, 134
49 É importante fazer promessas e cumpri-las, 136
50 Dê ao cliente o máximo de sugestões possível, 138

INTRODUÇÃO

Uma experiência positiva para os clientes.

Empresas que fornecem serviços de categoria internacional estão repletas de profissionais que fazem a diferença. Atentos e bem informados, eles sabem a importância das pequenas gentilezas e do cuidado com os detalhes, e aproveitam cada oportunidade para agradar aos clientes indo além da rotina. Esse tipo de executivo tem um jeito muito próprio de fazer negócios e isso acaba favorecendo o estabelecimento de relacionamentos positivos e proveitosos com os clientes. Essa maneira muito particular de negociar se revela em seu comportamento, em sua expressão e até nas palavras que escolhe para falar com os clientes. Seu objetivo é transformar cada minuto com o cliente em uma experiência positiva que não possa ser superada em lugar nenhum do mundo. Quando isso acontece, cria-se um *buzz*, termo em inglês de que o mundo do marketing se apropriou para definir o entusiasmo, a excitação e a vibração presentes naquele esforço extra feito para agradar ao cliente e trazer um grande retorno para a empresa.

Serviço burocrático: pessoas "desinteressadas"

Quando os funcionários não vibram com o trabalho, eles perdem o interesse nos clientes. Não se esforçam para ser criativos ou para ter mais iniciativa e tratam de cumprir os procedimentos básicos, oferecendo os serviços minimamente necessários. A infelicidade de todos é visível. Até os sorrisos são raros. A indiferença é o tom dominante; as pessoas voltam a atenção para outras coisas, às vezes apenas pensando em como fazer o dia passar mais rápido. A mediocridade e a falta de personalidade são as melhores descrições para essas organizações.

Para entender o porquê disso vale a pena examinar rapidamente a história de como os clientes passaram a ser a prioridade número 1 das empresas.

1982: O início do serviço de atendimento ao cliente

Aqui vai uma confissão. Em meu livro *Superboss: o gerente bem-sucedido*, publicado em 1984 e traduzido em 18 línguas, nem uma só vez mencionei clientes ou serviço de atendimento aos clientes. Antes do início dos anos 1980, poucos administradores pensavam nisso. Presumiam que o serviço não precisava de nenhuma atenção especial – o fato de existir já bastava. Os manuais de negócios da época não destacavam o atendimento ao cliente como uma das áreas fundamentais de um negócio.

O conceito atual foi criado em 1982 por Tom Peters e Robert Waterman no livro *Vencendo a crise: como o bom senso empresarial pode superá-la*. Os autores foram pioneiros ao afirmar que as empresas deviam se concentrar em ser eficientes também no atendimento aos clientes e não apenas na produção, nas relações industriais e na estratégia financeira.

A maioria das empresas abraçou o novo conceito e lançou uma série de programas de incentivo. Na época, a British Airways se transformou na "companhia aérea favorita do mundo" exatamente por ter transferido o foco do negócio para a satisfação dos clientes.

Outras companhias, como Disney, Nordstrom e Southwest Airlines também se tornaram ícones do novo atendimento ao cliente pela abordagem amigável e pelo alto padrão de serviços oferecidos. Tais companhias tinham uma energia positiva que não apenas atraía clientes, mas também muita publicidade espontânea.

Os anos 1990: a onda do CRM

Gradualmente, porém, o serviço de atendimento ao cliente evoluiu para o sistema de CRM (*customer relations management*), também conhecido como gerenciamento de relacionamento com o cliente. Conforme as companhias lutavam para reduzir os custos, melhorar a eficiência e aumentar os lucros, elas permitiram que a tecnologia e os computadores assumissem a maior parte das funções tradicionalmente exercidas pelos funcionários. Call centers, processos interativos e pedidos pela internet entraram na ordem do dia. As pessoas perderam espaço para a tecnologia na relação custo-benefício.

O foco em tornar o serviço mais eficiente, com um custo menor e um lucro maior, não afastou apenas os clientes, mas também os funcionários, que passaram a ter uma atitude de total indiferença para com o cliente. Eles viam a si mesmos como uma mercadoria qualquer, pronta para ser descartada nos tempos difíceis, e por isso escolhiam a opção sensata: pedir demissão e ir trabalhar em companhias que consideravam mais humanas.

Mesmo hoje em dia, muitas empresas ainda apostam no lado duro e impessoal dos negócios. Ou seja, continuam concentradas nas tarefas a serem realizadas e nos números a serem alcançados. Tudo é sistematizado, desde um texto de boas-vindas a um procedimento rotineiro para realizar uma venda. O resultado disso são organizações monótonas e sem energia.

Mirando no lado suave dos negócios

Além da preocupação com o lucro, os executivos também precisam se interessar pelos aspectos "suaves" da administração de pessoal – a psicologia comportamental, as atitudes, a comunicação interpessoal e as técnicas de motivação capazes de irradiar uma energia positiva por toda a estrutura, chegando até os clientes.

O resultado é um painel de comportamentos que absorvem essa energia positiva e a repassam para os clientes. Isso é vibração. Os clientes a sentem logo ao entrar na loja ou na lanchonete ou quando embarcam para uma viagem transcontinental. Eles sabem que a empresa em questão é cheia de energia e entusiasmo e que tudo vai dar certo.

São essas pequenas ações que podem transformar uma simples empresa em uma multinacional de alto nível. Mas, acima de tudo, é preciso ter profissionais que façam a diferença para os clientes.

Como usar este livro

O objetivo deste livro é desafiar os executivos, administradores e funcionários a manter o foco nas pequenas coisas que eles podem fazer diariamente para provocar um impacto positivo em seus clientes. Não se trata de oferecer receitas prontas do tipo "sete passos para o sucesso", e sim uma série de sugestões para que o leitor construa a melhor abordagem no que se refere ao atendimento ao cliente.

O livro apresenta 50 ações, separadas em oito blocos, que ensinam desde a melhor técnica de aproximação até o comportamento que provoca o efeito desejado – ou seja, a satisfação do cliente. Sugiro que você leia uma seção por dia e aplique o que aprendeu em sua rotina. Certamente isso vai fazer a diferença em seu desempenho profissional.

Outra idéia é usar o livro como referência nas sessões de treinamento interno. Cada integrante da equipe pode escolher um tema, colocá-lo em discussão e, se todos concordarem, incorporá-lo aos processos da empresa.

E como é impossível separar a motivação do cliente da motivação do funcionário, os leitores podem também se interessar pelo volume gêmeo deste livro que se chama *De olho na equipe: 50 pequenos passos para inspirar as pessoas a darem o melhor de si.*

OS 10 PRINCÍPIOS DO ATENDIMENTO DE ALTO NÍVEL

Essa é a lista das 10 ações mais executadas pelos melhores profissionais para que o atendimento ao cliente seja realmente excepcional. Quando esses princípios são aplicados no dia-a-dia de trabalho, o impacto sobre os clientes é positivo e proveitoso. Do ponto de vista da companhia, o reconhecimento de que o serviço que oferece é de alto nível funciona como uma motivação extra.

Não importa se você atende clientes externos ou internos, o fundamental é começar a fazer aquele esforço a mais para lhes agradar. A prática diária dos 10 itens apresentados a seguir pode ajudá-lo a se transformar no profissional entusiasmado e vibrante de que toda empresa precisa para se manter no topo.

1. Faça os clientes se sentirem especiais
2. A primeira impressão precisa ser positiva
3. É importante conversar com o cliente
4. Personalize suas relações
5. Mostre que você se importa
6. Faça escolhas positivas
7. Faça da curiosidade sua melhor estratégia
8. Crie ótimas lembranças para os clientes
9. Seja criativo e ousado
10. Observe os clientes e determine suas necessidades

1 FAÇA OS CLIENTES SE SENTIREM ESPECIAIS

Transforme o comum no extraordinário; faça algo diferente por seu cliente.

É incrível como quatro palavras simples – "Que bom ver você" – podem fazer um cliente se sentir especial. O brilho nos seus olhos também pode ter um efeito semelhante. Na verdade, surgem diariamente pelo menos 100 oportunidades de fazer os clientes se sentirem especiais.

Charlotte Horne trabalhava num call center em Leeds, Inglaterra. Recebia em média 80 chamadas por dia: basicamente perguntas de rotina ou problemas que os clientes estavam enfrentando. "Todas as noites, no caminho para casa, eu tentava me lembrar de algo especial que tivesse feito pelos clientes naquele dia."

O que chamava atenção em Charlotte era sua paixão pelo trabalho. Mal podia esperar para atender a primeira chamada pela manhã e não se cansava de dizer coisas gentis para que os clientes se sentissem únicos. Podia ser um comentário feito de modo caloroso e amigável ou seu empenho em buscar uma solução para um problema especialmente difícil.

Sua especialidade é fazer o cliente se sentir especial.

Charlotte era muito competente no que fazia. Ela sabia que, se conseguisse fazer com que o cliente se sentisse especial, ele retornaria. Afinal, todo mundo gosta de ser bem tratado; ninguém quer se sentir comum, sem atrativos. Todos nós somos únicos e por isso acreditamos merecer um tratamento especial daqueles que nos atendem.

Ao contrário de Charlotte, muita gente se deixa levar pela rotina, perdendo diversas oportunidades de agradar ao cliente.

Conheça algumas estratégias para você acumular pontos positivos a seu favor:

◊ Pense de modo especial, sinta de modo especial e aja de modo especial com seus clientes.

◊ Mantenha a palavra "especial" na mente o tempo todo e, cada vez que se encontrar com um cliente, trate-o de acordo.

◊ Tente identificar as qualidades de cada cliente e faça com que ele se sinta uma pessoa especial.

◊ Faça algum comentário especial: "Adoro o seu nome, Maria. É um dos meus preferidos."

◊ Faça alguma pergunta especial: "Estou curioso a respeito do seu sotaque. Espero que não se incomode se eu perguntar de onde você é."

◊ Faça algum favor especial: "Como você é muito simpático, vou lhe dar um upgrade para a classe executiva."

◊ Prometa algo especial: "Embora o tempo normal de entrega seja de sete dias, prometo fazer o máximo para que você receba a mercadoria dentro de 24 horas."

◊ Escolha um tom de voz especial para transmitir um sentimento de prazer, de amabilidade ou de animação (dependendo da situação e do que o cliente tem a dizer).

Ao fazer favores e gentilezas para os clientes você também se tornará uma pessoa especial para eles. O ideal é que os clientes o vejam como uma referência para ajudá-los em negócios futuros. Essa é a regra número 1 para quem quer se transformar em um profissional de destaque.

PASSO 1

Mantenha a palavra "especial" na mente sempre que entrar em contato com um cliente, seja pessoalmente, por telefone, e-mail ou correspondência. Seja criativo; invente novas maneiras de fazer com que o cliente se sinta especial.

DICA

Oferecer ao cliente um atendimento de alto nível é uma especialidade. O cliente precisa se sentir único.

2 A PRIMEIRA IMPRESSÃO PRECISA SER POSITIVA

Certifique-se de que o contato inicial com o cliente seja inesquecível.

As pequenas coisas que acontecem nos primeiros cinco segundos de um encontro são fundamentais. Todos os seres humanos têm sofisticados sensores que reagem a estímulos físicos e transmitem impulsos. Eles são essenciais para diferenciar amigos de inimigos e também para distinguir as oportunidades seguras das situações perigosas. Sem essas "antenas", ficaríamos vulneráveis e nos exporíamos a riscos indevidos.

Esses sensores funcionam a pleno vapor quando os clientes demonstram interesse em algum serviço. Eles têm a capacidade de perceber se a experiência será positiva ou negativa pela expressão nos olhos do funcionário, pelo tom de sua voz ou por seu comportamento.

"Entrei num café ontem e soube imediatamente que ia obter um mau serviço. Havia umas duas mesas vazias, ambas sujas e cheias de lixo, e atrás do balcão três pessoas estavam tão entretidas conversando que nem me viram entrar", contou Tom Gardner. "Quando pedi meu cappuccino, quase não houve reação ou contato visual. Pedi que limpassem uma das mesas, então eles removeram as xícaras usadas, mas deixaram migalhas e guardanapos sujos jogados pelo chão. Foi a última vez que fui lá."

A primeira impressão não deve ser a última.

Nos contatos telefônicos, o mesmo acontece. Os primeiros segundos de uma ligação são reveladores da qualidade do serviço oferecido pela empresa. "Se eu telefonar para 20 diferentes call centers, vou obter 20 respostas diferentes. Se tentam me enquadrar a partir de um conjunto de procedimentos, já sei que o serviço será ruim", afirma Mary Callaghan. "De vez em quando encontro alguém que pare-

Lançamentos

O Empreendedor-minuto

Ken Blanchard, Don Hutson e Ethan Willis • 144 páginas • R$19,90

Neste livro, o autor do clássico *O Gerente-minuto* conta a história de um jovem que enfrenta inúmeros desafios para abrir seu próprio negócio, fazer com que ele cresça e continue lucrativo. Ao longo do caminho, ele conhece as idéias de grandes empreendedores e as lições que aprendemos em menos de um minuto, mas que servem para a vida inteira.

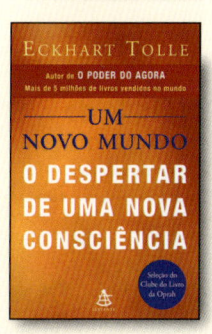

Um novo mundo – O despertar de uma nova consciência

Eckhart Tolle • 272 páginas • R$24,90

Primeiro lugar na lista do *The New York Times* e seleção do *Clube do Livro da Oprah*

Autor de *O poder do agora*, Eckhart Tolle mostra em *Um novo mundo* que a humanidade tem hoje a chance de criar um mundo mais evoluído espiritualmente e pleno de amor, e nos ajuda a descobrir a essência humana genuína que nos permitirá viver em harmonia.

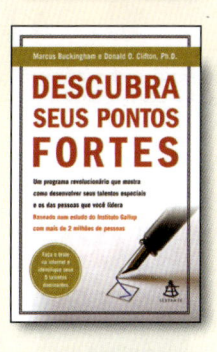

Descubra seus pontos fortes

Marcus Buckingham e Donald O. Clifton, Ph.D. • 272 páginas • R$24,90

Baseado em pesquisas com mais de 2 milhões de pessoas, os autores mostram que os profissionais bem-sucedidos usam suas energias para aprimorar o que fazem melhor e, assim, tornam-se cada vez mais competentes e felizes. Incluindo um teste que pode ser feito pela internet, este livro ajudará você a descobrir e desenvolver seus cinco talentos dominantes.

Eu era uma ótima mãe até ter filhos

Trisha Ashworth e Amy Nobile • 160 páginas • R$19,90

Reunindo depoimentos, soluções, dicas e o ponto de vista de alguns homens sobre a maternidade, este livro vai ajudar você a tirar um peso das costas e compreender por que ter filhos é um "pouquinho" mais complicado do que parece. Você vai aprender a equilibrar as responsabilidades, eliminar a culpa e resgatar a sua felicidade.

O segredo de Luísa — Fernando Dolabela
Aprenda os conceitos fundamentais para se tornar um empreendedor com esta deliciosa história de ficção. • *R$39,90*

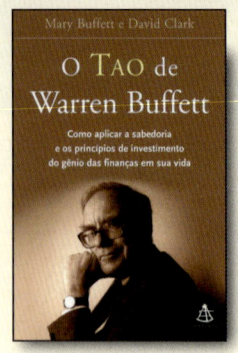

O TAO de Warren Buffett — Mary Buffett e David Clark
Como aplicar a sabedoria e os princípios de investimento do gênio das finanças em sua vida
Em 125 máximas, você vai conhecer toda a sabedoria de um dos homens mais ricos do mundo. • *R$19,90*

Homens gostam de mulheres que gostam de si mesmas — Steven Carter & Julia Sokol
Conselhos para ajudá-la a construir uma relação enriquecedora e reconhecer seu próprio valor. • *R$19,90*

DEIXE SEU CÉREBRO EM FORMA — Corinne L. Gediman e Francis M. Crinella, Ph.D.
Exercícios especiais para melhorar a memória e aumentar a agilidade mental
Um programa de exercícios destinados a promover ganhos significativos de memória e agilidade mental. • *R$29,90*

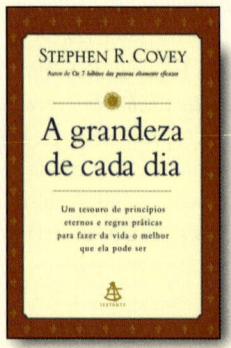

A grandeza de cada dia — Stephen R. Covey
Um tesouro de princípios eternos e regras práticas para fazer da vida o melhor que ela pode ser
Com lindas histórias reais, Stephen Covey mostra o poder transformador de nossas escolhas diárias. • *R$29,90*

Fique de bem com seu cérebro — Suzana Herculano-Houzel
Guia prático para o bem-estar em 15 passos
Como as descobertas recentes da neurociência podem ajudá-lo a manter seu cérebro saudável. • *R$19,90*

O caminho das estrelas — César Souza
Um mapa para transformar sonhos em realidade
Descubra os passos necessários para se tornar um líder cinco estrelas e realizar seus sonhos. • *R$19,90*

O PODER DA GRATIDÃO — M. J. Ryan
Aprenda a reconhecer e celebrar o que há de bom em sua vida
Como resgatar o sentimento de gratidão para dar valor às coisas que realmente importam e viver no presente. • *R$19,90*

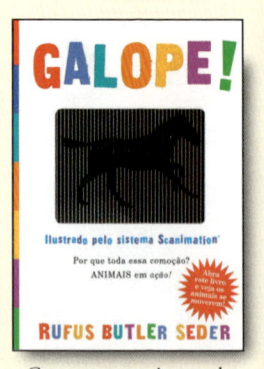

GALOPE! — Rufus Butler Seder
Ilustrado pelo sistema Scanimation
Por que toda essa comoção? ANIMAIS em ação!
Com um novo sistema de animação, as ilustrações deste livro se movem à medida que o leitor vira as páginas. • *R$29,90*

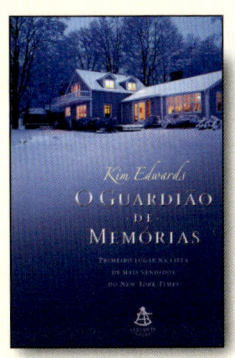

O Guardião de Memórias — Kim Edwards
Fenômeno de vendas, este comovente romance trata do poder avassalador de nossos atos e escolhas. • *R$39,90*

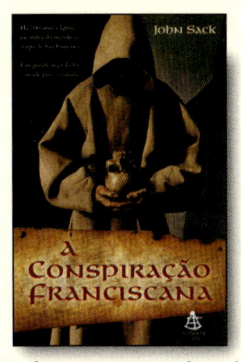

A Conspiração Franciscana — John Sack
Um fascinante suspense baseado na vida de São Francisco que prende o leitor do início ao fim. • *R$39,90*

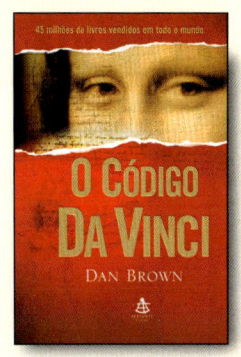

O Código Da Vinci — Dan Brown
45 milhões de livros vendidos em todo o mundo
Uma sinistra conspiração ameaça revelar um segredo guardado desde a época de Jesus. • *R$29,90*

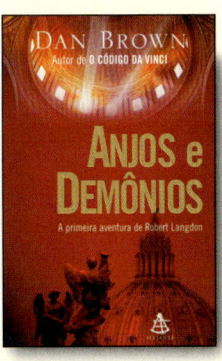

Anjos e Demônios — Dan Brown, autor de O Código Da Vinci
A primeira aventura de Robert Langdon
Uma antiga sociedade secreta ressurge para destruir a Igreja Católica e a Cidade do Vaticano. • *R$29,90*

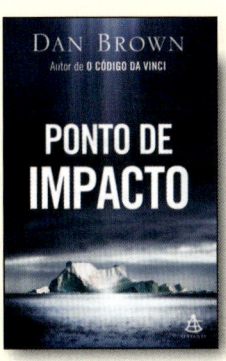

Ponto de Impacto — Dan Brown, autor de O Código Da Vinci
Uma estarrecedora descoberta da Nasa pode ter sérias implicações para a política norte-americana. • *R$29,90*

Fortaleza Digital — Dan Brown, autor de O Código Da Vinci
Um complicado enigma ameaça causar sérios danos aos serviços de inteligência americanos. • *R$19,90*

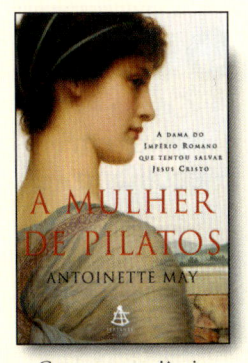

A Mulher de Pilatos — Antoinette May
A dama do Império Romano que tentou salvar Jesus Cristo
Com sua experiência de biógrafa, Antoinette May recria a vida da mulher que poderia ter salvado Jesus. • *R$39,90*

Água para elefantes — Sara Gruen
Comovente, divertido e surpreendente, este livro conta uma história de amor que supera todos os obstáculos. • *R$39,90*

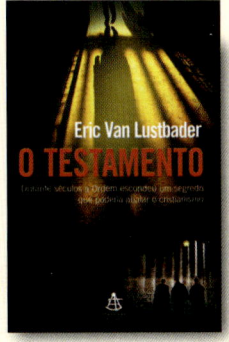

O Testamento — Eric Van Lustbader
Durante séculos a Ordem escondeu um segredo que poderia abalar o cristianismo
Envolvido numa teia de mentiras e traições, Braverman Shaw arrisca a sua vida para resgatar o Testamento de Cristo. • *R$39,90*

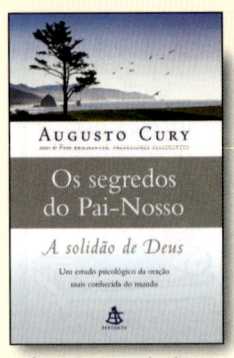

Os segredos do Pai-Nosso — A solidão de Deus
Um fascinante estudo da oração do Pai-Nosso e dos códigos usados por Jesus para falar de Deus. • *R$19,90*

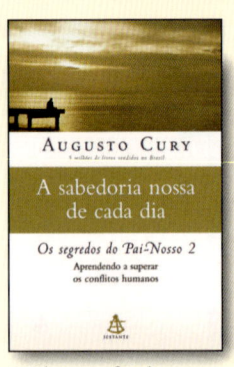

A sabedoria nossa de cada dia — Os segredos do Pai-Nosso 2
Conheça os fundamentos indispensáveis ao equilíbrio, à saúde e à inteligência. • *R$19,90*

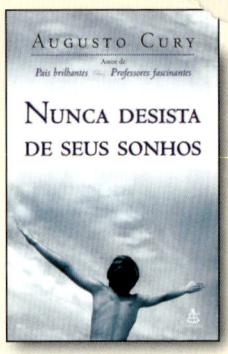

Nunca desista de seus sonhos
Analisando a vida de grandes sonhadores, Cury nos inspira a não deixar nossos sonhos morrerem. • *R$19,90*

Pais brilhantes, Professores fascinantes
Ferramentas para expandir os horizontes da inteligência e produzir qualidade de vida. • *R$19,90*

O Futuro da Humanidade
A saga de um jovem que luta contra as injustiças e pela concretização de seus sonhos. • *R$24,90*

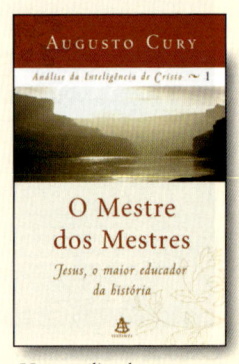

O Mestre dos Mestres
Uma análise dos aspectos mais notáveis de Jesus, mostrando sua grandiosidade e benevolência. • *R$19,90*

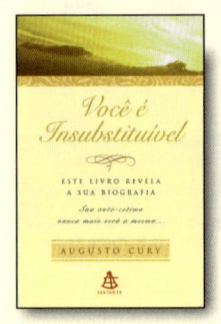

Você é Insubstituível
Um hino de amor à vida, este livro demonstra que cada um de nós é especial e insubstituível. • *R$9,90*

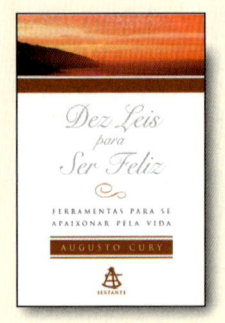

Dez Leis para Ser Feliz
Ferramentas essenciais para ter esperança na dor, força no medo e amor nos desencontros. • *R$9,90*

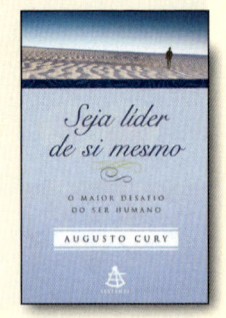

Seja líder de si mesmo
Descubra como se tornar o autor da sua história e fazer da sua vida um grande espetáculo. • *R$9,90*

ce ter vida inteligente. Posso dizer isso pelo tom de voz amigável e pelo interesse no que eu tenho a dizer."

Quando o primeiro contato é ruim, o risco de o cliente ir embora é grande. O contrário também é verdadeiro: quando os clientes identificam o esforço extra da empresa para lhes agradar, acabam ficando fiéis e voltando com regularidade.

Veja o que fazer para garantir que a primeira impressão seja inesquecível:

- ◈ Saia de seu ambiente de trabalho e a seguir volte como se fosse um cliente. Qual é a primeira coisa que nota? As pessoas levantam a cabeça e sorriem quando você entra? O chão está limpo? Se notar algo abaixo do padrão durante os primeiros cinco segundos, trate de corrigi-lo.
- ◈ Durante seu intervalo de descanso, ligue para o telefone geral de sua empresa e peça para falar com você mesmo. Assim dá para saber qual é a primeira impressão do cliente quando ele tenta contatá-lo. É fácil falar com você? A pessoa que atende se mostra amigável e prestativa? Se achar alguma falha, inicie as melhorias necessárias.
- ◈ Empenhe-se em conquistar o cliente nos primeiros cinco segundos vitais de contato com ele. Pode ser um sinal com os olhos indicando que você percebeu sua presença, um aceno de cabeça ou um pequeno gesto com a mão.

A primeira impressão pode fazer uma grande diferença para o seu negócio; o grande desafio é fazer com que esse contato inicial seja perfeito.

PASSO 2

Treine com seus colegas para melhorar o primeiro contato com os clientes. Simule encontros em que os primeiros cinco segundos sejam inesquecíveis – e então coloque suas idéias em prática.

DICA

O agito começa com os primeiros cinco segundos de qualquer encontro com o cliente.

3 É IMPORTANTE CONVERSAR COM O CLIENTE

Inicie o relacionamento com um bate-papo informal.

Se você não consegue trocar 10 palavras com o cliente, são grandes as chances de que ele não o procure mais. Muitos funcionários que trabalham diretamente com o grande público em geral não têm nada a dizer aos clientes além de um robótico "Sim?" ou "Posso ajudá-lo?" ou "O próximo?", complementado com uma declaração minimalista sobre o preço a ser pago seguido por um desanimado "Obrigado" e, ocasionalmente, um "Até logo".

Veja um exemplo de serviço totalmente frio e impessoal: em uma loja de departamentos, o cliente entrega as mercadorias para um atendente, que examina os códigos de barra em busca do preço, declara o valor, pega o cartão de crédito do cliente, passa-o pela máquina, indica o local em que o cliente deve assinar e em seguida coloca as mercadorias numa sacola. Só isso.

Se for a recepção de uma grande companhia, a recepcionista pedirá que o visitante se identifique, dará um crachá e as coordenadas de como chegar ao local de seu encontro e pronto. Nada mais. Numa companhia aérea, a comissária de bordo se aproximará e perguntará "O que gostaria de beber?", "Frango ou carne?". E isso é tudo.

Para causar uma boa impressão, diga algo agradável e inicie uma conversa descompromissada para quebrar o gelo e tornar a relação mais calorosa.

Veja alguns exemplos de frases que podem ajudar em um primeiro contato:

- Como está quente hoje!
- Acho que vai chover logo.
- Você é o meu primeiro cliente hoje.
- Não se vêem muitas canetas-tinteiro por aí.
- Vamos usar essa máquina registradora aqui do canto direito, é a minha máquina da sorte.

- ◈ Obrigado por ser tão paciente e esperar.
- ◈ Você está com sorte, este é o último que temos no estoque.
- ◈ Minha mulher comprou um desses relógios e está encantada.
- ◈ Adoro o desenho no cartão de aniversário que está comprando.
- ◈ Se eu tivesse que esperar tanto quanto você, também ficaria bastante aborrecido.
- ◈ É uma grafia bem incomum (observando como se escreve o nome do cliente).
- ◈ Alguém, sem dúvida, vai ficar contente (para o cliente que está comprando um presente).
- ◈ É a primeira vez que um cliente me faz essa pergunta.
- ◈ Hoje é sexta-feira 13. Acho que vai nos trazer muita sorte.
- ◈ Você pode gastar 10 vezes mais nesse tipo de produto, mas não poderia fazer melhor compra do que essa versão econômica.
- ◈ Parece que você teve um bom dia de compras (observando o cliente carregando muitas sacolas).
- ◈ Desculpe pelo barulho, mas estão festejando um aniversário aqui na sala (funcionário de um call center falando ao telefone com um cliente).

O silêncio provoca a suspeita. Se os funcionários não são espontâneos e se limitam às respostas de rotina, os clientes se sentem inseguros e então presumem o pior: "Essa pessoa não gosta de mim, não se importa comigo, não me quer aqui."

Quando aqueles que lidam diretamente com o público revelam seus sentimentos, abandonando o comportamento de robôs para mostrar seu lado humano, o clima de cooperação surge imediatamente.

PASSO 3
Crie oportunidades para bater papo com os clientes. Você vai descobrir que uma relação mais próxima se construirá a partir dessa aproximação.

DICA
Conversar com o cliente sobre assuntos fora da rotina de trabalho quebrará o gelo e tornará a relação mais calorosa.

4 PERSONALIZE SUAS RELAÇÕES

Acrescente um toque pessoal em cada interação com o cliente.

No *Dicionário Houaiss*, a palavra "impessoal" tem a seguinte definição: "que não reflete qualquer particularidade individual; anônimo".

Isso poderia descrever boa parte do que chamamos de serviço de atendimento ao cliente atualmente. As cartas-resposta emitidas pelo computador são despersonalizadas, a saudação padronizada pelo sistema de telefonia é impessoal e até o processamento de uma venda é mecânico. Geralmente não há sentimento, apenas objetividade e imparcialidade no trato com os clientes (considerados simples números em um formulário).

Entusiasmo não é um estado de espírito que pode ter origem em um sistema anônimo e impessoal. Na verdade, ele só pode ser gerado por pessoas que estabeleçam algum tipo de contato e entendimento com o cliente. Ou seja, por quem estiver disposto a conhecê-lo mais profundamente.

Personalizar o serviço de atendimento ao cliente significa dar algo de si mesmo, talvez uma idéia, uma emoção ou uma energia. Esse tipo de abordagem permite que o cliente tenha um vislumbre da pessoa "real", ao contrário do sistema artificial imposto pela companhia.

Para que esse tipo de relacionamento seja uma realidade é preciso que o funcionário aceite a sua cota de responsabilidade pelo desenvolvimento da relação com o cliente. Existem muitas maneiras de fazer um atendimento personalizado; todas demoradas e com um certo grau de risco, mas a possibilidade de fazer a diferença na vida do cliente as torna valiosas.

Não é difícil personalizar uma relação profissional. Pode ser tão simples quanto escrever algumas palavras em um cartão de cortesia, em vez de mandá-lo só com o texto impresso, ou começar um e-mail com algum cumprimento específico para o cliente.

Quando você acrescenta um toque pessoal a um procedimento-padrão, é provável que o cliente se lembre de você depois. Quando a ação é impessoal, a tendência do cliente é ignorar a empresa.

Saiba como personalizar o serviço de atendimento ao cliente:
- Torne-se conhecido do cliente ("Olá, meu nome é Sara, é bom conhecer a senhora.").
- Procure conhecer o cliente ("Dona Eliana, estou curiosa... a senhora mora no bairro?").
- Faça algo pessoal para reforçar a relação com o cliente ("Dona Eliana, escrevi meu nome na garantia; portanto, se tiver algum problema, é só ligar e me chamar: Sara.").
- Ache um modo de dar o seu toque pessoal à relação. Por exemplo, com um telefonema de cortesia ("Dona Eliana, quem fala é Sara, estou entrando em contato com a senhora para ver se está tudo certo com a compra que a senhora fez conosco na semana passada.").
- De modo geral, faça crer que naquele momento o cliente é a pessoa mais importante no mundo.

PASSO 4
Para personalizar seu relacionamento, acrescente um pouco de si mesmo cada vez que interage com um cliente (interno ou externo).

DICA
A escolha é simples: você quer que o serviço de atendimento ao cliente de sua empresa seja impessoal (realizado dentro de padrões preestabelecidos e de forma automática) ou pessoal (realizado por pessoas que realmente se importam)?

5 MOSTRE QUE VOCÊ SE IMPORTA

Demonstrações de atenção e cuidado estão na base de todas as relações com os clientes. Deixe claro que eles são a sua prioridade.

Nada afasta mais os clientes do que a negligência. A maioria é tolerante quando as coisas não dão certo, mas não se conforma quando percebe que ninguém está interessado em resolver o seu problema. Isso acontece em muitas ocasiões – quando os vôos são cancelados, quando o novo computador pára de funcionar ou simplesmente quando não retornam sua ligação.

O cliente se sente insignificante e desamparado quando se depara com uma organização grande e sem rosto em que ninguém parece prestar atenção a seu problema. Sua sensação é a de que não estão dando a mínima importância à sua queixa. Isso se aplica às companhias telefônicas, às empresas públicas, aos bancos e muitas outras instituições.

Juntamente com a confiança e o respeito mútuo, nada é mais importante no atendimento ao cliente do que o interesse genuíno. Quando os clientes sentem que o fornecedor do serviço não se importa com eles, logo o abandonam. Quando a sensação é positiva, ao contrário, tornam-se fiéis à marca ou empresa.

A verdade é que o funcionário que mantém contato com o cliente precisa estar disposto a dedicar sua energia e seu tempo a assegurar o bem-estar de todos (especialmente dos clientes, é claro).

Esses cuidados precisam ser aplicados em cada aspecto dos negócios. Veja como:

◊ Providencie para que o produto seja entregue no prazo e em perfeito estado.
◊ Determine que o problema do cliente seja resolvido rapidamente.
◊ Retorne a chamada como prometido.
◊ Seja honesto com os clientes.
◊ Comunique-se de forma eficaz com os clientes.

◊ Compreenda as verdadeiras solicitações dos clientes.
◊ Não apresse os clientes.
◊ Garanta que os clientes não se sintam explorados e que achem que o valor pago é compensador.
◊ Dê prioridade aos clientes em detrimento de tarefas não orientadas para ele.
◊ Certifique-se de que a qualidade do produto ou serviço é a melhor possível dentro das circunstâncias.

Um comportamento atento e solidário demonstra que você é uma pessoa que se importa. E o cliente é extremamente sensível a isso. Ele sente quando uma pessoa dá atenção ou não às suas necessidades, pois sabe reconhecer o reflexo desse interesse em cada ação, expressão facial, palavras, tom de voz e atitudes do dia-a-dia.

É o que acontece quando o motorista de táxi se dá ao trabalho de abrir a porta para o passageiro ou a funcionária pede desculpas e explica que está tendo um problema na caixa registradora. A situação oposta é quando um banco envia a mesma carta-padrão para todos os clientes.

O interesse pelo outro é um sentimento, não um pensamento. É preciso ser honesto em relação a isso. Se, no fundo, os seus interesses forem outros – alcançar seus objetivos para crescer na carreira, reduzir custos ou sair mais cedo do trabalho –, o cliente vai perceber.

Os clientes o julgam pelo seu grau de interesse. Não é preciso dizer que se importa com eles, basta lhes mostrar o que realmente faz. Isso se espalha por todos os setores e permeia todas as facetas dos negócios. O interesse pelo cliente se reflete em tudo o que você faz por ele, enquanto o desinteresse se revela mais pelo que você não fez (na opinião do cliente, é claro).

Assim, o desafio é responder à pergunta: "Será que eu realmente me importo com os clientes?" Se a resposta for positiva, questione-se: "Demonstro isso a eles de forma sincera?"

PASSO 5

No final de cada dia, passe cinco minutos com seus colegas conversando sobre o que cada um fez pelos clientes nas últimas 24 horas.

DICA

Para encorajar os funcionários a se interessarem pelos clientes, os chefes precisam se interessar pelos funcionários. Como esperar que a equipe se importe com o cliente se o chefe não demonstrar que se importa com ela?

6 FAÇA ESCOLHAS POSITIVAS

São infinitas as formas de agradar ao cliente. Escolha sempre a mais positiva.

Tony Chua estava em seu café Starbucks preferido, no Millennia Walk, em Cingapura. Fora até lá para relaxar, tomar um cappuccino e ler o *Straits Times* após um dia duro na sede do banco ali perto. Subitamente uma jovem garçonete (ou parceira, como os funcionários são chamados no Starbucks) chamada Eileen passou para limpar uma mesa que acabara de vagar. Ela conhecia Tony de vista. Então, virou-se para ele e comentou: "Gosto da gravata que está usando hoje."

De repente Tony se sentiu feliz. A garçonete iluminara seu dia. Enquanto refletia sobre o comentário dela, ocorreu-lhe que, nos últimos 10 anos em que freqüentava cafés, bares e restaurantes, nunca, nem uma vez sequer, um garçom ou garçonete o cumprimentara por sua gravata. O comentário de Eileen foi uma escolha positiva, pois deixou o cliente feliz.

A verdade é que são infinitas as oportunidades de agradar ao cliente e ao mesmo tempo trazer um grande retorno para a empresa. Os companheiros da equipe de Eileen também têm muitas atitudes construtivas, que deixam os clientes com uma sensação de bem-estar. Em conseqüência disso, o Starbucks está sempre cheio. As pessoas gostam de ir lá.

Há outros cafés aonde Tony evita ir porque os funcionários estão sempre com um ar insatisfeito, não limpam direito as mesas, não fazem contato visual ou simplesmente o ignoram. Na verdade, como todo mundo, Tony procura não ir a estabelecimentos que o deixem de baixo astral.

O bem-estar do cliente é invariavelmente o resultado das atitudes e dos comportamentos da equipe que o atende. Por mais que uma empresa tente, ela não consegue determinar, por meio de treinamento ou política de atendimento, o comportamento que os funcionários devem adotar na relação com os clientes. Essa escolha é prerrogativa de cada empregado, sendo impulsionada por suas próprias atitudes.

Aqui vão alguns outros exemplos de escolhas comportamentais:

Comportamentos positivos
◇ Correr para abrir a porta para o cliente.
◇ Fazer contato visual.
◇ Cumprimentar um cliente desconhecido que passe em frente à loja.
◇ Usar um tom de voz caloroso ao atender o telefone.
◇ Personalizar uma carta enviada ao cliente.

Comportamentos negativos
◇ Ignorar o cliente que entra.
◇ Manter os olhos baixos e evitar olhar atentamente.
◇ Não reconhecer o cliente.
◇ Responder de forma automática e óbvia.
◇ Enviar cartas-padrão, impessoais.

Pequenas gentilezas e comportamentos positivos ajudam a criar um ambiente vibrante e entusiasmado. Eis algumas sugestões para ajudá-lo a fazer as escolhas certas:

◇ No caminho para o trabalho, diga a si mesmo diariamente que vai criar ações que beneficiem o cliente.
◇ Procure criar oportunidades para fazer escolhas positivas.
◇ Ao conversar com um cliente, tente pensar em algo positivo para dizer.
◇ Pense nas coisas positivas que você pode fazer em seu momento de folga.
◇ Adquira o hábito de reagir positivamente a todas as situações que enfrentar no trabalho.

PASSO 6

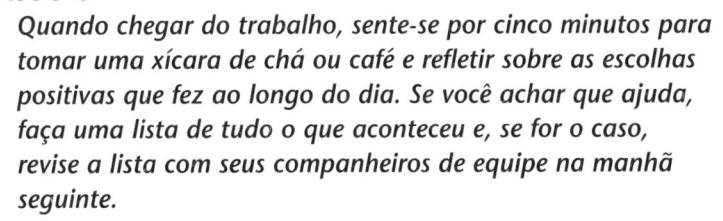

Quando chegar do trabalho, sente-se por cinco minutos para tomar uma xícara de chá ou café e refletir sobre as escolhas positivas que fez ao longo do dia. Se você achar que ajuda, faça uma lista de tudo o que aconteceu e, se for o caso, revise a lista com seus companheiros de equipe na manhã seguinte.

DICA

Quando você escolhe ter uma relação positiva com um cliente, boas coisas acontecem.

7 FAÇA DA CURIOSIDADE SUA MELHOR ESTRATÉGIA

A curiosidade é um estado de espírito; ela abre caminho para o aprendizado e nos mantém na dianteira.

Certa vez perguntaram a Michael Dell, fundador da Dell Computers, qual era a sua grande motivação, considerando-se o seu sucesso e riqueza. "O que me motiva é a curiosidade, pois há sempre um modo melhor de fazer as coisas. Eu apenas tento descobrir qual é", respondeu ele, lembrando que comprou seu primeiro computador Apple quando tinha 15 anos. "Não resisti à curiosidade e o abri para descobrir como funcionava. Foi quando percebi que poderia tornar o computador melhor comprando meus próprios componentes."

Nanz Chong-Komo, fundador da loja ONE.99 em Cingapura e vencedor do prêmio International Management Action em 2001, diz algo semelhante: "Em primeiro lugar, é preciso se interessar pelas pessoas. Estou sempre perguntando como elas se sentem. Acho que 50% da minha motivação vem das informações que obtenho nessas conversas."

Joe Howie trabalha na seção de áudio, televisão e câmeras da loja de departamentos John Lewis, em Newcastle, Inglaterra. Geralmente ele testa os novos modelos de câmeras e laptops para descobrir suas características, os prós e os contras de cada marca e aparelho. Sua curiosidade sobre os novos produtos lhe permite fornecer aos clientes conselhos bem fundamentados.

A curiosidade é uma aliada da mente aberta. As pessoas com mentes fechadas não são curiosas. Acham que sabem o suficiente para se dar bem. Já as que não resistem a uma novidade querem ter mais informações para se aperfeiçoar e aperfeiçoar o atendimento que oferecem aos clientes. Elas sabem que, se não acharem um modo melhor, outra pessoa o fará e seu emprego ficará em risco.

A gama de possibilidades que induz à curiosidade é ampla. Seja curioso e descubra...

- ◈ O que leva o cliente a ligar para sua empresa.
- ◈ Por que o cliente parece tão zangado.
- ◈ Como o novo produto funciona.
- ◈ O que motiva esse cliente.
- ◈ Qual é a situação desse cliente.
- ◈ De onde vem esse cliente.
- ◈ Que tipo de produto esse cliente compra normalmente.
- ◈ Por que você não tem visto esse cliente há muito tempo.
- ◈ Que tipo de atendimento outras companhias oferecem a um cliente tão bom.
- ◈ Qualquer notícia, nacional ou internacional, que tenha um impacto nos negócios de sua empresa.

A curiosidade é um estado de espírito; ela abre caminho para o aprendizado. Pessoas curiosas gostam de fazer muitas perguntas e por isso tendem a obter mais respostas do que as outras. Assim, aumentam seu conhecimento e se mantêm na dianteira (leia-se competitivas) quando comparadas às pessoas que raramente demonstram curiosidade por alguma coisa.

Se algo dá errado, seja curioso e pergunte o porquê. Se outra pessoa é bem-sucedida, seja curioso e descubra a razão disso.

Seja curioso sobre como fornecer um serviço de alto nível. Se insistir em perguntar, obterá as respostas e, com aplicação adequada, poderá se tornar o melhor.

PASSO 7

Seja curioso sobre as coisas que você desconhece e não entende. Faça 10 novas perguntas a cada dia e coloque em prática o que aprender.

DICA

A curiosidade é a essência do sucesso. Tudo se resume a descobrir um modo melhor de fazer as coisas.

8 CRIE ÓTIMAS LEMBRANÇAS PARA OS CLIENTES

Relacionamentos bem-sucedidos se baseiam em lembranças positivas e poderosas. Faça tudo para agradar ao cliente.

Os seres humanos são exímios contadores de histórias. Desde tempos remotos as famílias sentam-se juntas para uma refeição e trocam histórias sobre encontros e desencontros, amigos e inimigos, brigas e boa sorte.

Apesar do surgimento do e-mail, dos torpedos e do telefone celular, a maioria das pessoas ainda gosta de compartilhar suas experiências, e saber notícias umas das outras, em torno de uma mesa.

As lembranças assim criadas formam a base dos relacionamentos. Quando as lembranças são positivas e poderosas, os relacionamentos são bem-sucedidos. Daí a importância de os funcionários fazerem pequenos agrados aos clientes, coisas que permaneçam em sua memória e que eles queiram contar à família e aos amigos quando voltarem para casa à noite.

Quando as recordações são negativas, são grandes as probabilidades de o cliente não aparecer novamente. O pensamento influencia a escolha e, por tabela, as decisões que os clientes tomam. É improvável que voltemos a um restaurante do qual temos péssimas recordações, por exemplo. É mais provável que retornemos aos lugares que nos trazem boas recordações. Os clientes, como os elefantes, nunca esquecem.

Sharon Salehi, que trabalha no departamento de atendimento ao cliente do banco Bradford & Bingley, declara: "Quero que cada cliente guarde uma boa lembrança de mim."

Para criar uma memória positiva é preciso oferecer algo inesperado ao cliente. Quando os funcionários cumprem mecanicamente a rotina habitual de atendimento, os clientes se sentem meros números e dificilmente se lembram das pessoas que os atendem.

Portanto é importante sair da rotina, tratar os clientes como seres humanos e fazer algo diferente, como, por exemplo, demonstrar interesse por sua situação em particular.

Quem tem uma ótima lembrança de você?

Nenhuma empresa pode se arriscar a criar lembranças negativas. Elas acontecem de modo automático, por exemplo, quando o cliente fica esperando por muito tempo e não recebe uma explicação ou quando a empresa promete retornar a ligação e não cumpre a promessa.

A melhor proteção contra esses incidentes é fazer uma ou duas coisas boas para o cliente guardar como lembrança. Aqui vão alguns exemplos:

- ◇ Seja amigável.
- ◇ Surpreenda o cliente, retornando sua ligação o mais rápido possível.
- ◇ Seja inteligente e animado ao fazer o melhor possível para ajudar, seja lá qual for o problema.
- ◇ Bata um papo com os filhos do cliente e se interesse por eles.
- ◇ Arranje tempo para ajudar o cliente com um problema específico.
- ◇ Compartilhe um interesse com o cliente.
- ◇ Mantenha contato com o cliente.

Relembre suas próprias experiências recentes como cliente. Quantas lembranças positivas você tem? Compare-as com as lembranças negativas e com as que são descartáveis.

PASSO 8

Mantenha uma lista das coisas que você e sua equipe fazem para criar lembranças positivas nos clientes. Revise essa lista diariamente.

DICA

As lembranças que os clientes têm da empresa determinam seu sucesso ou fracasso.

9 SEJA CRIATIVO E OUSADO

Não seja mais um rosto na multidão, seja interessante.

Quando você é mais um na multidão, suas chances de ser escolhido por um cliente são fortuitas. No entanto, se você se diferenciar por oferecer uma série de pequenas vantagens e se comportar de modo agradável, a possibilidade de ser escolhido será muito maior. Isso significa que você tem que ser criativo e ousado.

Quando as pessoas seguem uma rotina, entram no modo automático. A natureza repetitiva de suas tarefas embota seus corações e suas mentes. Elas deixam de ser elas mesmas, estão sempre cansadas, tensas e sem energia. Quando você pode fazer seu trabalho "de olhos fechados", isso provavelmente significa que você não está vendo as oportunidades de realizar coisas novas e excitantes para estimular os clientes.

Em vez de se tornar um clone do sistema, é importante que você crie diariamente uma ação que faça a diferença para os clientes e expresse sua personalidade.

Todo cliente é único e se você trata todos igualmente, o valor da relação será diminuído. Os clientes precisam se sentir especiais, por isso devem ser tratados de forma personalizada.

A energia criativa é essencial para estimular o interesse das pessoas e gerar experiências positivas. Clientes procuram estímulos todo o tempo. É por isso que eles fazem compras e tiram férias. Querem sair da rotina e experimentar algo novo. Sua tarefa é fornecer essa inspiração.

Fazendo a diferença
- Jim Dean, diretor de atendimento ao consumidor da Saxon Weald Housing, na Inglaterra, recebeu uma queixa em forma de poema de um inquilino descontente. Então escreveu um poema em resposta. O consumidor ficou encantado.
- No Shangri-La Hotel de Manila, nas Filipinas, clientes habituais têm seus nomes gravados em canecas de café.

- No Veranda Hotel na Grand Baie, nas ilhas Maurício, as arrumadeiras colhem flores dos jardins do hotel para decorar as toalhas dos hóspedes nos banheiros.
- Edwin Seah, gerente de loja da Starbucks em Cingapura, organizou um piquenique para a equipe e convidou alguns clientes.
- Sharon Salehi e Mathew Jackson, do Bradford & Bingley, oferecem um prêmio mensal para o melhor serviço fornecido por um departamento ao outro.
- Annette Pampanella, caixa do Bank Atlantic na Flórida, aprendeu a linguagem de sinais para poder se comunicar com um casal de clientes surdos-mudos.
- A equipe do café Betty and Taylor também aprendeu a linguagem de sinais para poder conversar com um colega surdo-mudo que fora contratado.

O prêmio de funcionário-modelo vai para Rodney, um carregador de malas do Palmar Beach Hotel, nas ilhas Maurício. Ele memoriza todos os resultados das partidas de futebol que acontecem no sábado, inclusive quem marcou os gols. Faz isso com o campeonato inglês, espanhol, italiano, francês e alemão. Quando os hóspedes chegam, Rodney sempre pergunta para qual time de futebol eles torcem enquanto transporta suas malas para os quartos. Se o hóspede disser "Milan", ele responderá: "O senhor vai ficar contente de saber que seu time derrotou o Roma por 1 a 0 ontem e quem marcou foi Kaká." Esse é, sem dúvida, um funcionário que faz a diferença.

PASSO 9

Aprenda todos os procedimentos rotineiros e então se afaste deles. Troque o roteiro padronizado de boas-vindas por um modo personalizado de recepcionar os hóspedes.

DICA

Faça a diferença sendo você mesmo; seja gentil e atencioso com os clientes.

10 OBSERVE OS CLIENTES E DETERMINE SUAS NECESSIDADES

Entenda o que está acontecendo ao seu redor e saiba a hora mais adequada de dar sua contribuição.

É observando que aprendemos a entender o que está acontecendo à nossa volta e nos tornamos sensíveis às nuances de comportamento do cliente. A observação nos permite escolher o momento adequado para entrar em contato com o cliente ou com qualquer um.

As pessoas são complexas e emitem uma ampla variedade de sinais, freqüentemente contraditórios. O modo de se comportar, a linguagem corporal, as palavras utilizadas, o tom de voz, as expressões faciais e a atitude geral – todas essas manifestações têm significados e há sempre o risco de interpretá-las erroneamente ou mesmo de ignorá-las. Um comentário infeliz pode levar a uma intervenção desastrada ou mesmo a nenhuma intervenção quando esta seria necessária.

Observar com atenção os clientes é uma tarefa difícil. Podemos facilmente perder a concentração e nos distrair com as coisas simples que preferíamos estar fazendo. Parece mais fácil realizar uma tarefa do que ficar, como muitos pensam, à toa – isto é, observando com atenção o que está ocorrendo.

Observar clientes está longe de ser perda de tempo. É, na verdade, o que nos permite entender e determinar suas necessidades. Em vez de esperar passivamente que o cliente solicite alguma coisa, a observação nos possibilita uma postura mais proativa.

Eis algumas observações úteis para quem deseja conquistar o cliente:

◊ Observe o modo como os clientes conversam entre si. Isso pode ajudá-lo a obter dicas sobre a hora certa de contribuir com idéias.

◊ Preste atenção no modo como os clientes andam pelas instalações da sua empresa e para o que olham com mais atenção. Isso indicará o que é do interesse deles e permitirá que você faça alguma referência a esse aspecto em sua conversa.

- Observe a linguagem corporal dos clientes durante uma reunião. Veja o que eles fazem com as mãos (estão inquietas?), com os braços (estão cruzados na defensiva?) e com as pernas e pés (batem com a ponta dos pés porque estão entediados?). Esses gestos fornecerão dicas úteis para que você possa adequar seu comportamento e seu discurso.
- Acompanhe o movimento dos olhos dos clientes; eles são reveladores – fazem contato visual ou olham por cima do seu ombro?
- Se uma fila surgir, sinalize às pessoas que você fará o máximo para atendê-los o mais rápido que puder. Um pequeno aceno com a cabeça já é suficiente para demonstrar sua preocupação e manter o cliente esperando.
- Observe a atitude do cliente. Parece apressado? Interessado? Apenas curioso? Cada comportamento lhe dará uma pista para o próximo passo (se for necessário) e para as necessidades do cliente.
- Analise o que o cliente compra e o seu grau de interesse aplicado em cada produto. Tais sinais lhe fornecem oportunidades para fazer sugestões e ajudar o cliente.

Há sempre um momento mais apropriado para se aproximar do cliente e dizer algo. O desafio é saber qual é o momento certo. Quem é menos habilidoso aborda o cliente cedo demais ou quando já é tarde demais, o que pode irritá-lo. A observação minuciosa e atenta possibilita um conhecimento a mais sobre o comportamento do cliente, o que aumenta sua chance de perceber o melhor momento para iniciar contato e assim atender às suas necessidades.

Para agradar ao cliente, você precisa ser sensível ao que se passa à sua volta e também entrar em sintonia com suas emoções, necessidades e aspirações. Para isso, é preciso observá-lo.

PASSO 10

Estude o comportamento de seus clientes e discuta com sua equipe o que descobrir.

DICA

Quanto mais você observar o que os clientes fazem, maior é a sua chance de satisfazer as necessidades deles.

OS CINCO PRINCÍPIOS DA EFICIÊNCIA E DA QUALIDADE

Básico = comum (o mesmo que todos os outros)
O básico +++++ = grande diferença (alto nível) = vibração e agito

Para se tornar um profissional de alto nível, você tem que ir além do básico. Antes de pensar em oferecer ações de grande repercussão, precisa ter sob controle o que é fundamental. É provável que os clientes não fiquem impressionados com nenhum princípio ou método revolucionário se tiverem que freqüentar escritórios sujos e lidar com funcionários desorganizados e incompetentes. Não desperdice seu dinamismo, seu espírito positivo e suas habilidades de relacionamento com clientes que não conseguem ser atendidos ao telefone ou que aguardam um longo tempo na fila.

Todo mundo sabe como deve ser um bom serviço de atendimento ao cliente, mas vale a pena reforçar o conceito pelo simples motivo de que muitas empresas não o aplicam. Os cinco princípios essenciais do atendimento de qualidade são tão importantes para se alcançar uma posição de destaque que deveria haver alguma maneira de avaliar a eficiência de cada um deles. Como não existe um sistema de classificação, nenhum administrador pode mensurar de forma eficaz a qualidade do serviço que oferece.

11 Primeiro princípio: Cumpra o que foi combinado
12 Segundo princípio: Tenha boas maneiras
13 Terceiro princípio: Atenda as ligações rapidamente
14 Quarto princípio: Diminua o tempo de espera
15 Quinto princípio: Acompanhe o atendimento

11 PRIMEIRO PRINCÍPIO: CUMPRA O QUE FOI COMBINADO

Antecipe-se aos problemas, mantenha o cliente informado e garanta a eficiência da entrega.

O principal objetivo do serviço de atendimento ao cliente é a satisfação dele. Você pode sorrir à vontade, conversar cordialmente, construir relações e se divertir, mas, se não entregar o produto ao cliente na data combinada, seu prestígio desaparecerá como fumaça. É o mesmo que ir a um restaurante onde todos os garçons são muito simpáticos, mas não conseguem servir sua refeição.

O primeiro passo para quem deseja oferecer um bom atendimento ao cliente é se concentrar no mais importante dos cinco princípios – a entrega.

Isso significa que o produto ou serviço precisa estar disponível sempre que o cliente desejar. Significa também que a qualidade e a quantidade do serviço ou produto precisam estar exatamente de acordo com o que consta nas especificações.

Em outras palavras, uma entrega bem-sucedida precisa ser impecável. Uma sugestão é aplicar o método Seis Sigma de qualidade. Isso, sem dúvida, acabaria com problemas comuns como um lote de carpetes que não pôde ser instalado porque as medidas estavam erradas, ou móveis arranhados pelos próprios entregadores.

Como o mundo não é perfeito, sempre haverá atrasos ou erros de cálculo ou de fabricação, mas o segredo é lidar com essas situações de forma profissional.

Informe o cliente do problema antes que ele informe você.

Quando o cliente descobre o problema antes de você, o estrago já está feito. Será preciso se esforçar muito para reverter a má impressão. Quando você identifica o problema primeiro, pode controlar a situação e administrar as expectativas do cliente.

Aqui vão alguns exemplos do que fazer para garantir a entrega no prazo e com a qualidade prometida:

- Classifique a entrega como sendo de alta prioridade. Uma vez que o compromisso foi assumido, é preciso cumpri-lo.
- Faça uma última revisão 24 horas antes da entrega, conferindo se está tudo correto (quantidade, documentos, etc.).
- Anote tudo o que prometeu ao cliente e verifique se está entregando o que foi combinado.
- Quando o cumprimento de sua promessa a um cliente depende de um colega, confira educadamente se ele está agindo.
- Se o caminhão quebrar, alerte o cliente de que haverá um adiamento. Isso é melhor do que ter um cliente zangado ligando para você.
- Da mesma forma, se uma encomenda ficar presa na alfândega, informe o cliente o mais rápido possível.
- Certifique-se de que qualquer falha será corrigida a tempo.
- Forneça a informação requerida pelo cliente dentro do prazo combinado.
- Envie pelo correio o folheto prometido.
- Processe cada solicitação de garantia dentro do prazo combinado.

A comunicação proativa – que se antecipa aos problemas – é essencial para garantir a eficiência da entrega. Muitos especialistas afirmam que o grande índice de clientes insatisfeitos se deve a falhas na comunicação.

Oferecer um serviço de alto nível significa não apenas fazer a entrega, mas se superar (ligar avisando de um atraso), se isso for necessário para manter o cliente informado.

PASSO 11

Todos os funcionários devem estar cientes do que se espera que seja entregue, a quem deve ser feita a entrega (quem é o cliente), quando e onde e com que padrão de qualidade o produto ou serviço deve ser entregue.

DICA

A entrega eficiente é fundamental para que o serviço seja considerado de alto nível.

12 SEGUNDO PRINCÍPIO: TENHA BOAS MANEIRAS

Assegure-se de atender o cliente de modo educado e cordial.

Embora a prática das boas maneiras seja fundamental para um bom serviço, todos nós já tivemos experiências em que isso não aconteceu. Quem já não teve de enfrentar funcionários mal-educados, desinteressados, ignorantes ou rudes?

Infelizmente, vivemos num mundo em que a cortesia e a gentileza estão em processo de extinção: as pessoas não respondem mais aos e-mails, não retornam as ligações e, ocasionalmente, deixam de aparecer nos locais combinados sem qualquer explicação. Muitos nem sequer dizem "obrigado" quando alguém segura a porta do elevador ou dá a vez na escada rolante do metrô.

Ser educado, polido e cortês é muito simples. Basta tratar todo mundo – os clientes, inclusive – com respeito e dignidade. Não há nada complicado nisso. Essa é, na verdade, a base de qualquer sociedade civilizada.

Veja alguns exemplos de cordialidade:
- Ser pontual.
- Agradecer.
- Dar passagem aos outros.
- Abrir portas para os outros.
- Responder a cartas prontamente.
- Ligar de volta como prometido.
- Manter uma boa aparência.
- Oferecer-se para carregar o embrulho de alguém.
- Ser polido e cortês em todos os momentos.
- Fazer elogios sempre que possível.
- Manter as pessoas informadas do que está acontecendo.
- Não interromper os outros.
- Ouvir atentamente o que os outros têm a dizer (e prestar atenção).
- Oferecer alguma bebida (até mesmo um copo d'água) no momento apropriado.

- Perguntar sempre ao outro "Como vai?".
- Dizer "por favor" e "obrigado".
- Responder a todos os e-mails.
- Oferecer assento às pessoas.
- Dar calorosas boas-vindas.
- Servir café a um cliente.
- Guardar o casaco das visitas.
- Permitir que as pessoas passem primeiro.
- Levar a visita até à porta na hora de ir embora.
- Manter contato visual com as pessoas quando estiver falando.
- Colocar-se à disposição do cliente para executar algo que ele está tentando fazer e não consegue por algum motivo.
- Desligar o celular nas reuniões.
- Nunca agir de forma inconveniente (com observações maldosas ou olhares hostis).
- Apresentar aos outros a pessoa que é nova no grupo.

Em um almoço recente com um cliente, percebi que os garçons não cumpriram nem 40% da lista acima. Não abriram a porta, não deram boas-vindas, não ofereceram ajuda com o cardápio, não manifestaram interesse em saber se a refeição estava boa nem se despediram quando fomos embora. Para coroar o fiasco, ao checar minhas despesas, lembrei-me de que, apesar de ter pagado o almoço, não havia recebido um agradecimento sequer do cliente.

As boas maneiras desapareceram em muitos estabelecimentos pela simples razão de que ficam no caminho da assim chamada eficiência e da realização das tarefas estabelecidas pelos gerentes. Abrir portas para os clientes leva tempo e como há muitas outras tarefas na fila, a educação é cortada em nome da redução de custos (no caso, menos garçons). Ao colocar a economia à frente das boas maneiras, as empresas apostam na degradação do comportamento civilizado.

O comportamento bem-educado pode, à primeira vista, parecer ineficiente, mas no final é tremendamente recompensador, pois ele sinaliza que naquela empresa existe respeito pelas pessoas. Como o dinheiro não pode comprar sentimentos, o retorno é incomensurável.

PASSO 12

Revise a lista dos tópicos de boas maneiras e, junto com seus colegas, acrescente novos itens, se achar adequado. A seguir, use-a como guia para analisar seu comportamento com os clientes.

DICA

Praticar boas maneiras é bom para os negócios.

13 TERCEIRO PRINCÍPIO: ATENDA AS LIGAÇÕES RAPIDAMENTE

Nunca deixe o telefone tocar por mais de cinco segundos; atenda com gentileza e se ofereça para ajudar.

Atender o telefone em menos de cinco segundos é o objetivo de todo serviço de atendimento ao cliente. Pena que ele quase nunca é alcançado. A prática nos mostra que um dos grandes desafios dos tempos atuais é ligar para qualquer serviço de atendimento ao cliente e ser atendido.

Nada irrita mais um cliente do que ouvir o telefone chamar inúmeras vezes e não ser atendido ou entrar na mensagem gravada e ficar indefinidamente à espera de algum ser humano dizer "alô" do outro lado. As companhias podem gastar milhões em marketing apenas para analisar o perfil dos clientes, mas, se não forem eficientes, o investimento terá sido em vão.

Enquanto eu escrevia este capítulo, tentei ligar para um chaveiro cujo anúncio ocupava uma página inteira nas *Páginas amarelas*. Após 20 toques, desisti. O chaveiro que recebeu meu serviço atendeu imediatamente.

Algumas empresas fazem a coisa certa. A TNT Express, por exemplo, tem uma política clara a esse respeito: todos os funcionários devem atender o telefone, mesmo que o aparelho pertença a um colega de outro departamento.

É preciso remover as barreiras de acesso às empresas, eliminar o desperdício de tempo e a frustração de milhões de clientes que tentam comprar produtos, comunicar defeitos em sua linha telefônica, colocar anúncios classificados, ter o computador consertado, a geladeira trocada, o buraco da calçada preenchido, o plano de vôo mudado, o hotel reservado, a apólice de seguro explicada, a assinatura de revista cancelada, a pergunta sobre o leasing do carro respondida ou as lâmpadas do cruzamento trocadas.

Influenciar a estratégia das empresas quanto a política de atendimento telefônico, níveis de produtividade e eficácia de custos pode estar fora do alcance de muitos leitores. Mas, ainda assim, há pequenas coisas que todos podem fazer para melhorar o número de telefonemas atendidos:

- Sempre atenda o telefone, mesmo que não seja o seu.
- Se você não pode resolver a questão naquele momento, dê o recado e verifique se a pessoa com quem o cliente queria falar retornou a ligação.
- Estimule os colegas a transferirem as ligações de seus ramais para outros sempre que deixarem suas mesas.
- Se você trabalha num call center em que muitos clientes reclamam da demora no atendimento, pressione seus gerentes a aumentarem a equipe. Isso diminuiria a irritação dos clientes e tornaria o serviço mais eficiente.
- Crie um jogo com seus colegas de trabalho estabelecendo uma penalidade por qualquer telefone que toque em seu andar por mais de 10 segundos.
- Inicie uma campanha cujo objetivo seja assegurar que os telefones sejam atendidos em até cinco segundos em toda a empresa.
- Crie uma política em seu departamento (se possível, para a empresa) incorporando às tarefas das pessoas o atendimento das ligações telefônicas – e seja o primeiro a implantá-la.

Não deixe o telefone tocando. Lidere uma campanha para resgatar esse princípio básico do serviço de atendimento ao cliente.

PASSO 13

Quando estiver fora do escritório, finja ser um cliente e ligue para si mesmo. Você consegue ser atendido em menos de cinco segundos? Quando a chamada cai no seu ramal, alguém atende seu telefone em menos de cinco segundos?

DICA

Manter o cliente esperando diz muito a respeito dos valores da empresa. É como declarar: "Seu tempo é menos valioso para nós do que o de nossos funcionários."

14 QUARTO PRINCÍPIO: DIMINUA O TEMPO DE ESPERA

Deixar os clientes esperando é facilitar a vida da concorrência. Largue tudo para atendê-los.

Neste mundo altamente competitivo, a maioria das empresas reconhece ser tremendamente difícil atrair clientes. Isso requer uma grande criatividade e trabalho árduo para convencer o cliente de que ele deve dar seu precioso dinheiro em troca dos bens e serviços que você oferece. Por isso é loucura investir milhões de reais para que as pessoas atravessem a porta da empresa com a intenção de comprar e descubram que não podem fazê-lo, pois é preciso esperar na fila.

Não é de espantar que os clientes prefiram gastar seu dinheiro em outro lugar. Nem é por acaso que tantas empresas fecham. Durante meus seminários, geralmente pergunto aos participantes se eles já desistiram de comprar alguma coisa porque não conseguiram ser atendidos. A maioria respondeu afirmativamente.

Por causa da pressão da vida cotidiana, o tempo é um bem cada vez mais precioso. Ninguém pode perder tempo em filas, olhando para o teto e se sentindo cada vez mais irritado.

Quanto mais os clientes esperam, mais curto será o tempo que ficarão com você.

Como já foi dito capítulo anterior, manter os clientes esperando indica que o tempo deles é menos valioso do que o dos funcionários da empresa, e que você está roubando o tempo dos clientes a fim de poupar o dos seus funcionários.

Visite a maioria dos bancos e verá isso. É possível que haja apenas dois guichês funcionando, com uma longa fila de clientes esperando para serem atendidos. Enquanto isso, um grande número de funcionários administrativos perambula por trás dos caixas, manuseando papéis e executando o trabalho burocrático em vez de atender clientes que têm que correr para pegar os filhos na escola, ou têm uma consulta médica importante, ou precisam fazer compras.

Se sua empresa realmente deseja criar uma imagem bem-sucedida, há muitas coisas que você pode fazer para que os clientes não esperem tempo demais:

◇ Evite o bate-papo ocioso na sala do cafezinho.
◇ Largue tudo para atender clientes que esperam.
◇ Convoque os colegas para abrir guichês.
◇ Desloque funcionários da parte burocrática para atender os clientes sempre que houver necessidade.
◇ Convoque até os gerentes para ajudar no atendimento aos clientes.
◇ Diga aos clientes que está sendo feito todo o possível para atendê-los rapidamente.
◇ Certifique-se de que todos na empresa têm a habilidade e o know-how para atender os clientes; assim, sempre que for necessário, haverá uma ampla reserva de apoio.

Essas regras são simples e básicas. Mas, se você não segui-las, vai descobrir que os clientes exercerão cada vez mais suas próprias escolhas. Em vez de esperar na fila, eles vão desaparecer. Com isso, aumentam as chances de a empresa fechar e deixar você sem emprego.

PASSO 14

Se você trabalha numa empresa em que as filas são comuns, estabeleça um objetivo: acabar com elas. Direcione toda a sua energia e a do restante da equipe para atender os clientes o mais rapidamente possível.

DICA
Atenda o cliente em vez de fazê-lo atender você.

15 QUINTO PRINCÍPIO: ACOMPANHE O ATENDIMENTO

Fechar um negócio não significa encerrar o relacionamento com o cliente; o desafio é mantê-lo.

Freqüentemente, os clientes compram algo e pronto: nunca mais voltam. Realizaram uma troca de dinheiro por mercadoria – fim da história e de qualquer possibilidade de construir relacionamentos duradouros, muito menos aumentar as vendas. Estima-se uma renda adicional de 20% quando a transação comercial se transforma de fato em uma relação.

Embora as empresas obviamente queiram aumentar seu faturamento, o objetivo de manter um relacionamento mais próximo com o cliente não é apenas forçar uma segunda venda. É descobrir se ele está ou não contente com o item que comprou e se teve algum problema ao utilizá-lo. O feedback da experiência do cliente com o produto é fundamental.

Saiba o que você pode fazer para manter o cliente satisfeito:
- Para cada compra de grande valor, ligue depois de uma semana para saber se está tudo bem. Então volte a ligar dentro de três meses.
- Para compras de pequeno valor, selecione alguns clientes (ao acaso) e entre em contato com eles no dia seguinte à transação.
- Use meia hora de seu tempo, diariamente, para fazer o trabalho de acompanhamento dos clientes.
- Reserve uma noite na semana para ligar para os clientes que não podem ser encontrados durante o dia.
- Envie uma carta de agradecimento imediatamente após a compra.
- Ligue para os clientes de seus colegas; é importante que o cliente se relacione com mais de uma pessoa.
- Convide os clientes para os eventos que a empresa organizar.

Uma grande companhia de telecomunicações encoraja a diretoria a ligar para pelo menos três clientes por dia. O serviço de atendimento ao cliente fornece aos diretores uma lista de todos os clientes que ligaram no dia anterior e cada um escolhe três nomes para retornar a ligação e resolver o problema que levou o cliente a entrar em contato com a empresa.

O trabalho de acompanhamento não precisa esperar até que o cliente desapareça. Pode ser tão simples quanto o hábito da garçonete de perguntar sobre a comida sempre que o cliente pedir a conta após a refeição: "O que achou do carneiro? Estava muito apimentado para o seu gosto?"

Aqui vão outros exemplos:

- "Boa tarde, Sra. Campelo, quem fala é José Eduardo, da companhia de seguros. Débora, uma colega minha, atendeu recentemente sua reclamação a respeito de um cano d'água que se rompeu. Eu gostaria muito de saber sua opinião sobre como lidamos com a sua queixa."
- "Bom dia, Sr. Martins. Quem fala é Hebe, da loja de computadores. O senhor comprou um laptop comigo na semana passada. Eu só queria saber se está indo tudo bem e se o controle remoto Bluetooth está funcionando sem problemas."
- "Sra. Veiga, quem fala é Márcia, da agência de viagens. Talvez a senhora se lembre de que eu e minha colega Charlene fizemos sua reserva no Heritage Hotel em Bel Ombre, nas ilhas Maurício. Como me perguntaram recentemente sobre esse hotel, gostaria de saber se a senhora gostou."
- "Sr. Tarquini, gostaria de agradecer a compra de ontem e, em especial, sua paciência e compreensão naquele momento em que me ausentei para atender um chamado de urgência. Espero que a Sra. Tarquini goste do relógio que o senhor comprou para ela."
- "Sr. Pedroso, peço desculpas por este breve e-mail, mas queria que soubesse que foi uma grande alegria conhecê-lo ontem. Estou certo de que sua filha Ana ficará encantada com a boneca que o senhor lhe comprou. Pela foto, parecia uma menina adorável."

Ao dar seqüência ao contato, você mostra ao cliente que está interessado na compra que ele fez e em sua experiência com o produto ou serviço adquirido. Coloque-se à sua disposição para qualquer informação adicional. Ao reforçar o relacionamento desse modo, você tranqüiliza o cliente e se coloca na melhor posição para obter vendas adicionais na próxima vez que ele precisar.

PASSO 15
Inicie uma campanha de acompanhamento aos clientes de modo que cada um deles se relacione com mais de um integrante da equipe.

DICA
Quanto mais você der atenção aos clientes, mais eles o seguirão.

UMA FILOSOFIA DE TRABALHO CONSISTENTE

Muitas pesquisas demonstram que as companhias bem-sucedidas por um longo período de tempo são impulsionadas por um conjunto de princípios, valores e crenças aplicados consistentemente em tudo o que fazem. Os funcionários dessas empresas vivem e respiram esses princípios e isso faz uma grande diferença no serviço oferecido ao cliente. A prática regular de uma filosofia de trabalho gera a confiança tão essencial na construção de uma relação de alto nível com o cliente.

As empresas que não possuem essa base moral se comportam de maneira oportunista, tirando (sempre que possível) vantagens pessoais das situações. Sua inconsistência é um reflexo dessa ausência de regras. Em conseqüência, são freqüentemente encaradas com suspeita, já que nem clientes nem funcionários sabem exatamente o que esperar delas.

Todas as pequenas gentilezas e ações que você realiza para criar um relacionamento produtivo devem ser examinadas à luz desse conjunto de princípios.

16 Seja totalmente honesto e aberto
17 Seja receptivo
18 Seja flexível
19 Dê aos clientes o benefício da dúvida
20 Seja generoso com os clientes

16 SEJA TOTALMENTE HONESTO E ABERTO

Diga a verdade em todos os momentos e informe os clientes sobre o que está ocorrendo.

Uma das queixas mais comuns dos clientes é de falta de orientação e de comportamento desonesto por parte das empresas. Eles reclamam, por exemplo, de que não foram informados sobre despesas adicionais, níveis de estoque, datas de entrega ou qualidade do produto. Outro aspecto são as notórias "letras pequenas" dos contratos, que as companhias usam para tentar desviar a atenção dos clientes de informações fundamentais.

A falta de honestidade e abertura já começa no processo de venda. Ansioso para fechar negócio, o vendedor freqüentemente deixa de mencionar os problemas potenciais do produto. Há uma tendência natural de pôr um verniz em tudo e exibir os produtos sob a melhor luz possível. Ninguém deseja lavar roupa suja em público, mas a verdade é que problemas existem e os clientes se sentirão enganados se descobrirem isso tarde demais. Eles precisam conhecer os pontos negativos do produto ou serviço que estão comprando, assim como seus pontos positivos.

Ser totalmente honesto e aberto é essencial para construir relações significativas por um longo tempo. Assim que o cliente percebe que o vendedor só está interessado na sua própria comissão, a confiança fica comprometida.

A seguir, os pequenos gestos que refletem honestidade e abertura:
◊ Manter os clientes informados do que está acontecendo.
◊ Não esconder más notícias dos clientes (atrasos, problemas de fabricação, etc.).
◊ Sublinhar as cláusulas mais importantes nas letras pequenas de um contrato.
◊ Assumir a responsabilidade (por exemplo, por dano) em vez de pôr a culpa em outro.

- Chamar a atenção do cliente para as limitações do produto e seus problemas potenciais.
- Fornecer uma opinião equilibrada em vez de uma opinião exagerada e unilateral.
- Dizer a verdade sobre níveis de estoque, data de entrega, etc.
- Evitar elogios excessivos.

Qualquer negócio só é bem-sucedido quando existe uma relação de confiança com os clientes. Eles precisam acreditar que estão recebendo o melhor produto do mercado dentro das circunstâncias (preços, condições de pagamento, necessidades específicas, etc.). Os funcionários se sentem mal quando têm que dar cobertura e se desculpar pela empresa. O sucesso desaparece rapidamente quando isso acontece.

Deve-se analisar todos os dias a maneira como se lida com os clientes. Basta fazer as perguntas: "Será que estou me comunicando de modo aberto na negociação em que estou envolvido no momento? Será que estou dando todas as informações para que o cliente saiba o que está acontecendo?"

Esse questionamento ajuda a evitar problemas de comunicação com o cliente. Para agir dessa forma, o funcionário precisa ser dinâmico e ter um alto grau de sensibilidade para as necessidades dos clientes, investindo tempo e esforço para mantê-los informados.

Outro recurso é se colocar no lugar do cliente: "Se eu fosse o comprador, estaria satisfeito com as informações fornecidas? Será que esse vendedor está sendo totalmente honesto e verdadeiro comigo?"

PASSO 16

Teste sua consciência: "Sou honesto e aberto com meus clientes?" Se a resposta for positiva, confirme isso perguntando a seus clientes. Se a resposta for negativa, dedique-se a mudar seu comportamento.

DICA

A confiança é a pedra angular de todos os relacionamentos e é construída sobre princípios de honestidade e franqueza.

17 SEJA RECEPTIVO

Se você acredita em relações de amizade, comporte-se com os clientes como se estivesse entre amigos.

Ter uma postura receptiva significa receber calorosa e amigavelmente os visitantes para que eles se sintam à vontade ao entrar em suas instalações. Envolve também ajudar as pessoas a superarem qualquer dificuldade que tenham encontrado para entrar em contato com você, além de proporcionar uma experiência positiva (por que não memorável?) e fazer com que se sintam especiais.

Jane Hume, diretora de recursos humanos de uma rede de restaurantes sul-africana, diz: "Desafiamos nossa equipe a fazer do cliente um amigo." Questionada sobre como os funcionários colocavam o conceito em prática, ela respondeu que "tratar o cliente de forma amigável significa vê-lo como alguém que adoramos encontrar, em quem podemos confiar e com quem gostamos de conversar sobre nossos problemas".

O conceito de receptividade pressupõe uma relação aberta e afável com os clientes. Nesse tipo de relacionamento, o ideal é estar sempre disponível para encontrar os clientes.

Veja como aplicar o princípio da receptividade no cotidiano de trabalho:

◇ Cumprimente o cliente e o receba à porta.
◇ Apresente o cliente aos seus colegas de trabalho.
◇ Pegue o casaco do cliente e guarde-o.
◇ Ofereça uma cadeira confortável para o cliente sentar.
◇ Sirva café, água e alguma guloseima (chocolate ou biscoito).
◇ Dê um brinde ao cliente (caneta, agenda, livro com a história da empresa, etc.).

Você pode praticar a arte de receber com integrantes de sua própria equipe. Em suas reuniões semanais, coloque-se no lugar do cliente e faça com que seus funcionários assumam o papel de anfitriões. Essa experiência vale não apenas para negócios ligados ao lazer (hotéis, agências, restaurantes, centros de conferências e de eventos), mas a todos os ramos da indústria, inclusive bancos, varejo, engenharia, setor público e obras de caridade.

Pode parecer óbvio, mas quanto melhor receber seus clientes, mais eles retribuirão. Só não exagere nos gastos com esse tipo de atividade, pois pode acabar sem verba até mesmo para o biscoito que acompanha o cafezinho. Mas isso não deve ser um problema. Afinal, qual é o custo de uma xícara de café expresso de boas-vindas?

A arte de receber

◊ A receptividade deve ser autêntica. Deve vir do coração.
◊ A receptividade deve ser uma manifestação espontânea.
◊ A disponibilidade para receber as pessoas calorosamente é uma capacidade pessoal, não uma política corporativa. Não se trata de uma questão de custo ou orçamento. A receptividade reflete a cultura da empresa.
◊ A boa disposição em relação aos outros nunca deve ser usada como suborno ou incentivo. Não é algo que você "negocie" para garantir a transação com o cliente.
◊ A hospitalidade deve ser aplicada a cada visitante, sem levar em conta seu status ou importância (em outras palavras, não a reserve apenas para os clientes VIPs).

PASSO 17
Tenha uma postura receptiva em relação a todos os clientes.

DICA
Você quer realmente trabalhar para uma organização pouco receptiva em relação aos clientes? A hospitalidade não é um desperdício de tempo e dinheiro, mas um investimento essencial na construção de relacionamentos produtivos.

18 SEJA FLEXÍVEL

As regras foram criadas para facilitar o atendimento aos clientes, não para lhes desagradar.

Quando em viagem ao exterior, Sharon Tan, suporte técnico de uma empresa de computadores, foi a um supermercado para comprar alguns itens para ter em seu quarto de hotel. Na hora de pagar, percebeu que havia longas filas nas caixas. Então notou duas caixas "rápidas" vazias. Uma tabuleta dizia: "Caixa expressa: para 10 itens ou menos."

Como sua cesta não estava muito pesada, ela se dirigiu a uma dessas caixas. O caixa olhou-a de cara fechada e lhe perguntou quantos artigos havia na cesta. Sharon não sabia, ainda não tinha feito a contagem. Ele então começou a contá-los. E declarou, como ela temia, que havia 12 itens. Em vez de uma embalagem de iogurtes (com três unidades), ele contou três iogurtes individualmente. O caixa a repreendeu e lhe disse que ela devia entrar em uma das outras filas. Sharon simplesmente deixou a cesta sobre o balcão e foi embora. Ela afirmou que nunca mais voltará àquele supermercado.

Embora estabelecer regras seja essencial, também é essencial flexioná-las de vez em quando, se isso fizer sentido. O risco de seguir estritamente o que diz o manual é afastar os clientes. As regras são destinadas a ajudar no atendimento aos clientes, não a lhes desagradar.

Saiba como ser compreensivo e, ainda assim, agradar e conquistar os clientes:

◊ Abra as portas (do banco ou da loja) antes do horário marcado caso os clientes estejam esperando na fila embaixo de chuva.
◊ Não seja rígido quanto aos prazos de garantia. Por exemplo, não cobre do cliente um conserto no produto solicitado um dia depois que a garantia expirou.
◊ Forneça serviço à mesa mesmo no sistema de bufê.
◊ Arredonde o preço para baixo.

◈ Presenteie o consumidor. Se ele pedir uma porção média de batata frita, traga uma grande como cortesia.

◈ Procure compensar o cliente que está devolvendo um item com defeito. Troque o produto ou devolva o dinheiro.

◈ Permita que três pessoas visitem um paciente no hospital quando as regras só admitem duas, e não seja rigoroso com o horário de visita (desde que isso não interfira nos cuidados com os pacientes).

◈ Deixe que o cliente usufrua o serviço por mais tempo do que estava previsto.

◈ Estenda o horário de atendimento ("Não tem problema se você não puder vir antes das 17h30; ficaremos abertos esperando por você.").

A flexibilidade é uma característica das pessoas compreensivas que se aplica perfeitamente à filosofia da maioria das empresas. No caso, o objetivo é estimular os funcionários a colocarem os clientes em primeiro lugar, em vez de seguir as regras e os regulamentos preestabelecidos.

Na verdade, companhias de sucesso – como a rede de lojas de departamentos Nordstrom e a empresa de transporte TNT Express – têm pouquíssimas regras. Elas apostam que, na ausência de um código de conduta muito rígido, os funcionários são obrigados a usar o bom senso para encontrar respostas que se adaptem às circunstâncias e sejam satisfatórias para os clientes.

Uma empresa flexível treina seu pessoal para ter discernimento, ou seja, clareza e compreensão das situações. Também incentiva as pessoas a infringirem as regras (caso achem necessário) e a não temerem ser alvo de retaliações por parte dos chefes. Nessas empresas, existe apenas uma regra: "Faça o melhor possível para agradar aos clientes."

PASSO 18

Reveja suas regras de atendimento aos clientes e explore os limites e as possibilidades que se abrem. Pergunte-se: "Até onde posso ir para atender as necessidades do cliente?" Se tanto o cliente quanto a empresa se beneficiarem de uma abordagem mais flexível, a resposta fala por si.

DICA

Quando as regras em relação ao serviço ao cliente são excessivamente rígidas, elas atrapalham a companhia.

19 DÊ AOS CLIENTES O BENEFÍCIO DA DÚVIDA

Nunca duvide de um cliente. A maioria é honesta e não gosta de explorar a boa vontade da empresa.

Quando Violet Parker devolveu a blusa com defeito à loja de departamentos onde a comprara, pediram-lhe a nota de compra. Distraída, ela a perdera, embora se lembrasse nitidamente de ter comprado a blusa naquela loja. A balconista lhe concedeu o benefício da dúvida e trocou a blusa.

A maioria dos clientes é honesta e não gosta de explorar a boa vontade da empresa. Por isso não é inteligente criar políticas que os submetam a um rigoroso interrogatório quando estão apenas buscando seus direitos com relação a devoluções e trocas, por exemplo. Com raras exceções, os clientes são conscienciosos e não devem ser obrigados a provar que estão dizendo.

Portanto nunca duvide de um cliente, a não ser que você tenha como provar que ele está errado ou mentindo. Quando ele devolve um produto e declara: "Comprei isso ontem e quando cheguei em casa descobri que estava quebrado", você deve substituir o artigo imediatamente e de boa vontade, a não ser que tenha absoluta certeza de que o cliente danificou o produto.

Da mesma forma, se um cliente se queixar de que pagou a mais, você deve devolver a diferença, a não ser que esteja perfeitamente claro que ele errou em seu cálculo. Na maior parte dos casos (embora não em todos), não vale a pena discutir para saber quem está certo e quem está errado. Você vai ganhar muito mais se admitir o engano e conceder o benefício ao cliente.

Quando você tem certeza de que a exigência do cliente é injustificada, negue-se a atender seu pedido – com polidez e cortesia, é claro. Nem sempre o cliente está com a razão.

O perigo é assumir uma atitude de permanente suspeita. Alguns executivos criam políticas, regras e regulamentos baseados na suposição de que os clientes são desonestos. Eles argumentam que as políticas restritivas são necessárias para preservar os interesses da empresa. Em outras palavras, em caso de dúvida, os clientes precisam provar sua honestidade, o que pode ser muito humilhante para quem se considera acima de qualquer suspeita.

Dando o benefício da dúvida

◊ Quando o cliente se queixar de que a comida foi servida fria, não discuta. Nem sequer levante uma sobrancelha. Acredite que a comida está fria.

◊ Quando o cliente se queixar de que já está esperando há mais de 20 minutos, você pode achar que ele está exagerando (todos nós o fazemos), mas acredite que ele está esperando mais tempo do que seria razoável. Não discuta.

◊ Quando a cliente telefonar para informá-lo de que não recebeu o item pedido há três semanas, não retruque dizendo que o item foi posto no correio há duas semanas e, portanto, o atraso não é culpa sua. É melhor resolver o problema em vez de se explicar.

◊ Quando um grupo de adolescentes tentar entrar num clube para adultos, não lhes dê o benefício da dúvida. Peça documentos que comprovem suas idades.

◊ Quando uma cliente pedir um desconto especial, declarando que perdeu o cartão de desconto, confie em seu próprio discernimento quanto à atitude, o comportamento e a abordagem dela. Se mesmo assim você não tiver certeza de sua integridade, aplique o benefício da dúvida e lhe dê o desconto de qualquer modo.

Ao dar ao cliente o benefício da dúvida, você criará uma relação de confiança. Entretanto, essa energia positiva desaparecerá rapidamente se você começar a duvidar dos clientes e demonstrar isso.

PASSO 19

Coloque em discussão, na reunião semanal com sua equipe, a questão do atendimento aos clientes, suas dúvidas e problemas. E decida como a empresa deve lidar com eles.

DICA

Para manter relações de alto nível com o cliente, confiança e tolerância são essenciais. A dúvida é a antítese da confiança e funciona nas duas vias.

20 SEJA GENEROSO COM OS CLIENTES

As companhias de primeira classe são generosas com os clientes. O mesmo se aplica aos seus funcionários.

Em 2003, a empresa Happy Computers ganhou o prêmio Management Today por fornecer o melhor atendimento ao cliente da Inglaterra. A generosidade é um princípio essencial para o executivo chefe Henry Stewart e toda a equipe.

Trata-se do chamado princípio dos 110%. Em outras palavras, para cada 100% que você tira dos outros, dê 110% de volta. É razoável. O mundo poderia ser um lugar melhor se todos aplicassem essa regra, mas nascemos egoístas e temos que lutar para deixar de sê-lo.

Num ambiente altamente competitivo, o comum é cada um por si. Só os mais aptos sobrevivem. Havendo uma chance, muitos se aproveitarão dos outros para ganhar dinheiro rápido. Em vez de fazer isso, realize pequenos atos de generosidade para os clientes, todos os dias.

Muitos chefes são negativos e se aferrarão às regras, alegando contenção de custos, para proibi-lo até de dar uma bala para o cliente. Não peça permissão – simplesmente faça, seja generoso. Não com o dinheiro alheio, porque isso não é ser generoso, mas com o seu próprio dinheiro.

Seja generoso também com seu tempo e com suas idéias. Se comprar um presente para um cliente (até R$ 100 para, evitar ser acusado de suborno e corrupção), compre com recursos próprios.

Se a sua companhia é sensata o suficiente para incluir no orçamento esse tipo de ação de relacionamento, então trate o orçamento como se fosse seu e gaste o dinheiro com sabedoria.

Generosidade

◊ Se a regra determina que a torta de maçã venha com uma bola de sorvete de creme, sirva uma bola extra para agradar ao cliente.

◊ Se a sua meta de produtividade é fazer 12 chamadas por hora, quebre as regras se achar necessário conversar 10 minutos com um cliente.
◊ Ofereça ao cliente um cappuccino feito na hora.
◊ Mantenha um saco de pastilhas de menta sob o balcão para oferecer aos clientes. Certifique-se de distribuir um saco por dia (mas não as coma).
◊ Quando um cliente pedir algumas para os filhos, seja generoso.
◊ Quando levar parceiros de negócios para almoçar, seja sempre o primeiro a se oferecer para pagar a conta.
◊ Não fique chateado quando as pessoas se aproveitarem de você, pois terá aprendido uma lição de generosidade.
◊ Nunca hesite em dar algo às pessoas, de preferência antes que elas o peçam.
◊ Quando um cliente pede desconto, dê sem hesitação.
◊ Faça doações para instituições de caridade. E ajude a arrecadar dinheiro para instituições beneficentes.

Há mais motivação e prestígio em ser pródigo do que em tirar vantagem de um cliente. Você não pode ser um profissional de alto nível se tem uma mente mesquinha. As companhias de primeira classe são generosas com os clientes. E o mesmo se aplica aos seus funcionários.

PASSO 20
Ponha a mão no bolso e compre um presente para o seu cliente. Isso vai criar uma relação positiva.

DICA
A generosidade consiste em dar um pouco de si mesmo.

UMA EXPERIÊNCIA POSITIVA E MEMORÁVEL

A palavra *performance* tem dois significados. Um deles está ligado à área de negócios – isto é, o desempenho de uma pessoa ou máquina – e o outro à atividade artística, relacionado a um espetáculo em que o artista interpreta um papel para uma platéia.

Na prática, o que o cliente experimenta é mais como a representação. O serviço de alto nível que as empresas oferecem é uma performance apoiada na ciência e na tecnologia, cujo objetivo é criar uma experiência completa para o cliente, algo positivo e memorável.

21 Seja simpático e esteja sempre disponível
22 Dê as boas-vindas de forma calorosa
23 Use a expressividade do olhar
24 Trabalhe seu tom de voz
25 Entre em contato com os clientes
26 Escolha seu melhor sorriso
27 Divirta-se com os clientes
28 Comemore com os clientes
29 Transforme seus clientes em celebridades
30 Decore seu espaço pessoal

21 SEJA SIMPÁTICO E ESTEJA SEMPRE DISPONÍVEL

Encantar os clientes significa estabelecer relacionamentos afetivos. Expresse seu prazer em ver cada um deles.

Os clientes são a luz de nossa vida profissional, a nossa razão de ser. Sem eles, o mundo seria sombrio e um tanto vazio. Na verdade, sem clientes não somos nada. Os clientes são maravilhosos. Portanto, não é estranho que as empresas tornem as coisas tão difíceis para eles? É como se preferissem ficar longe da sua presença e das perturbações que são atribuídas a eles. O atendimento de alto nível acaba com essa sensação de chateação e cria um clima de encantamento.

Manter relações de qualidade com os clientes é a solução para acabar com os conflitos entre empresas e clientes. Como isso depende de uma atitude pessoal, mais do que de regras e procedimentos preestabelecidos, é preciso que a simpatia e a disponibilidade dos funcionários se revelem em seus rostos e vozes.

O sucesso é resultado dessa disposição para agradar ao cliente. A conseqüência natural é que os clientes, ao notarem o tratamento especial, fiquem animados com isso e retribuam com um entusiasmo extra. Afinal, quem não se sente bem ao ser tratado de forma afável e atenciosa? Como dizia Confúcio: "O ouro no coração da pessoa é mais precioso do que o ouro em seu bolso."

É uma pena que esse ditado seja tão pouco aplicado nos dias de hoje. Em minha última visita a um grande shopping center, entrei em várias lojas para dar uma espiada. Nenhum atendente demonstrou prazer em me receber. Fui totalmente ignorado enquanto examinava os produtos. Os vendedores pareciam não perceber que um cliente potencial estava na loja.

A maioria das pessoas relata que os call centers agem de forma semelhante. Ou seja, não há interesse por parte de quem atende. A interação tende a ser puramente de rotina e despida de energia emocional.

Entretanto, para nossa surpresa, há exceções. Uma delas se chama Surprise, nome de um gerente do restaurante do hotel Holiday Inn Crowne Plaza em Sandton, na África do Sul. Surprise está sempre encantado de atender os clientes e fazer pequenas gentilezas. Um amplo sorriso surge em seu rosto assim que alguém entra no restaurante. "Os clientes fazem meu dia valer a pena", diz. "Onde eu estaria sem eles? É um prazer servi-los e uma agonia não tê-los."

A seguir, 10 atitudes para que o atendimento ao cliente seja uma atividade prazerosa:

◊ Demonstre satisfação quando um cliente chegar.
◊ Demonstre satisfação ao escrever uma carta para o cliente.
◊ Demonstre satisfação quando um cliente o procurar para resolver algum problema.
◊ Demonstre satisfação quando um cliente telefonar para tirar uma dúvida ou para bater papo.
◊ Demonstre satisfação em responder a um e-mail do cliente.
◊ Demonstre satisfação em atender os desejos do cliente (dentro dos limites do razoável, é claro).
◊ Demonstre satisfação em ajudar o cliente em assuntos não relacionados ao trabalho (como obter um número de telefone).
◊ Demonstre satisfação em ouvir a história do cliente.
◊ Demonstre satisfação quando um cliente se mostrar encantado com o tratamento recebido.
◊ Demonstre satisfação quando um deles voltar para novas compras.

Divertir-se trabalhando e gostar de se relacionar com os clientes são algumas das escolhas pessoais que fazemos ao definir nossas atitudes mentais essenciais. Nosso comportamento cotidiano, inclusive, reflete essas escolhas. A alegria e a verdadeira satisfação, por exemplo, são sentimentos transmitidos por nossas expressões faciais, que se iluminam ao entrar em contato com um cliente e ter a oportunidade de lhe agradar.

PASSO 21

Descubra o prazer de se relacionar com seus clientes. Então se anime e conquiste seu cliente com a força de sua simpatia.

DICA
Experimentar o contentamento é uma atitude que todos podemos escolher ter.

22 DÊ AS BOAS-VINDAS DE FORMA CALOROSA

Certifique-se de que cada cliente seja recebido de modo entusiasmado e amigável.

Sua primeira reação ao ver um cliente deve ser de alegria. Estampar um sorriso ou uma expressão de prazer em seu rosto é, sem dúvida, uma maneira de recepcioná-lo calorosamente. Para que essa cordialidade seja autêntica, é preciso de fato se sentir assim. Sua energia tem de fluir de seu coração para o dele.

Alguns clientes não gostam de ser alvo de tantas atenções. Preferem ser deixados sozinhos enquanto escolhem e se sentem incomodados quando alguém os cumprimenta efusivamente. Isso apresenta uma dificuldade que talvez você queira discutir com seus colegas: "É importante ou não dar as boas-vindas aos clientes?", "Devemos deixá-los sozinhos e só abordá-los quando pedirem ajuda?"

Não há respostas simples, já que a arte de recepcionar requer uma habilidade sutil. Um acolhimento exagerado e artificial pode afastar o cliente tanto quanto não dar nem bom-dia. O ideal é que a recepção varie de acordo com as circunstâncias. Ou seja, os funcionários precisam ter discernimento para escolher a saudação mais adequada.

De qualquer forma, o segredo é dar as boas-vindas de modo autêntico e caloroso. O que pode variar é o estilo e a intensidade, mas para isso é fundamental que o funcionário saiba diferenciar uma recepção entusiasmada de uma atitude inconveniente e insistente para forçar a compra.

Se o cliente sentir que você está sendo receptivo apenas para fechar negócio, são grandes as chances de que ele de afaste – a não ser que não exista outra opção e ele tenha necessidade urgente do produto ou serviço que você oferece.

Pequenas gentilezas tornam seu estilo mais refinado:
◊ Dê um abraço caloroso.
◊ Dê um aperto de mão gentil.

- Faça uma saudação elogiosa (sem ser excessivo).
- Faça um sinal de reconhecimento que demonstre entusiasmo.
- Dê um sorriso cativante.
- Faça um movimento encorajador em direção ao cliente.

Cada funcionário tem seu território – as mesas de que toma conta num restaurante, o guichê do banco, o escritório ou a sala de musculação de uma academia. Assim que o cliente se aproximar desse território, deve ser acolhido com simpatia, independentemente de ele estar apenas dando uma olhada, buscando informação, conselho ou querendo comprar algo.

O objetivo é fazer com que o cliente se sinta desejado e não negligenciado. A recepção calorosa estabelece as bases do relacionamento e conduz ao próximo passo, que pode ser responder a perguntas, dar conselhos, receber um pedido ou completar uma transação.

Quanto mais calorosa a recepção, mais agradável será o relacionamento e, por tabela, a satisfação do cliente. Na sua ausência, a interação (perguntas, conselho, pedido ou transação) se realiza de maneira fria. Um bom começo aumenta a chance de que a negociação seja bem-sucedida.

PASSO 22

Treine com seus colegas de trabalho vários tipos de recepção diferentes até se aperfeiçoar na arte de receber. Então pratique com cada um de seus clientes.

DICA

A recepção dada a um cliente deve variar segundo as circunstâncias.

23 USE A EXPRESSIVIDADE DO OLHAR

Aperfeiçoe o movimento, o foco e a expressividade dos olhos para criar um relacionamento bem-sucedido.

Os olhos revelam a nossa alma, o nosso coração e a nossa mente ao cliente. O contato visual é essencial quando desejamos oferecer um atendimento de alto nível. É a primeira conexão com o cliente.

Portanto, se um funcionário afasta os olhos do cliente que se aproxima, ou mesmo quando não o vê, é porque preferia não estar lá. Ao evitar o contato visual, ele deixa claro que tem outras coisas em mente e que o cliente não é sua prioridade. Quando é o cliente que finge não estar vendo o atendente, a razão é simples: ele não precisa de atenção naquele momento.

No entanto, apenas o contato visual não é suficiente. Cada cliente interpretará as intenções de quem o atende pelo olhar e decidirá se a pessoa é sincera ou falsa, se tem realmente prazer em vê-lo ou está agindo assim porque foi instruído a sorrir para os clientes.

Seus olhos falam tanto quanto suas palavras. Eles podem revelar se você está ou não atento ao cliente e também se é honesto no que está dizendo. O olhar demonstra ao cliente seu grau de importância.

Por meio do contato visual você pode assumir um ar atento ou interrogativo, pode sorrir com os olhos, dar uma piscadela cúmplice, um sinal de aprovação ou de surpresa, um brilho de felicidade e uma ampla variedade de nuances emocionais, cada qual tendo um impacto positivo, negativo ou neutro no cliente.

Vale a pena fazer uma lista das expressões que ressaltam a importância e a força do olhar nas relações pessoais:

- ◇ Olho no olho.
- ◇ (Sou) todo olhos.
- ◇ Fulano tem um bom olho para pechinchas.
- ◇ Fechar os olhos para...
- ◇ Manter os olhos bem abertos.

- Testemunha ocular.
- No olho do furacão.
- Olho por olho.
- Abrir os olhos de alguém.
- Ficar de olho em...
- Fechar os olhos para determinada situação.

Essas expressões refletem como usamos o olhar para nos conectarmos com as pessoas e assim fornecer indicadores sutis de nossas intenções. Aperfeiçoar o movimento, o foco e a expressão de nossos olhos, portanto, é essencial para criar relacionamentos bem-sucedidos. O fundamental é que os olhos reflitam o que se passa em nossos corações. Qualquer outra leitura será falsa.

Muita gente não tem noção da força do olhar e o que ele revela às pessoas. Aqueles que são mais expressivos são altamente eficientes no trabalho de atendimento ao cliente.

PASSO 23

Faça um teste com pessoas de sua confiança. Convide-as a descrever seu olhar e descreva o delas. A seguir pratique expressões dos olhos que reflitam seu estado de espírito.

DICA

Em qualquer relacionamento com o cliente o ponto de partida é sempre o contato visual.

24 TRABALHE SEU TOM DE VOZ

As entonações e mudanças sutis de intensidade e ritmo da voz podem fazer uma grande diferença nos relacionamentos com os clientes.

A voz é multifacetada e, à exceção dos cantores, atores e oradores, costuma ser ignorada como instrumento de relacionamento com os clientes. A maioria se apóia em sua voz natural sem pensar se existem ou não melhores opções para falar com determinando cliente. Nossa voz é produto de nossa educação e é, sem dúvida, um dos itens em que a maioria das pessoas presta menos atenção.

Não temos noção de como os outros nos ouvem e o impacto que causamos nas pessoas ao falar. O tom, o ritmo, a clareza, a intensidade e a intenção da nossa voz, assim como o vocabulário que usamos determinam o modo como nos expressamos. Em suma, para entrar em sintonia com os clientes, temos de entrar primeiro em sintonia com a nossa própria voz.

As entonações e mudanças sutis de volume e ritmo da voz são fundamentais para o estabelecimento de relacionamentos proveitosos com os clientes. Há muitas opções para que cada pessoa trabalhe a sua voz, e a escolha correta pode realçar sua habilidade de influenciar e agradar aos clientes. Portanto, a persuasão não é simplesmente uma questão de escolher as palavras certas, mas o modo como essas palavras são vocalizadas.

Quem tem boa capacidade de articulação pode usar as nuances vocais para obter o máximo impacto na comunicação com o cliente. A modulação é outra técnica que requer um alto grau de consciência a respeito de como a pessoa é ouvida.

Para dominar o registro da sua própria voz você precisa saber três coisas: qual é o efeito de suas palavras nas outras pessoas, se estabeleceu uma conexão com o cliente e se ele está apenas ouvindo ou se está realmente escutando com atenção. Essa percepção vai ajudá-lo a ajustar sua voz para capturar a atenção dos outros com mais eficiência.

Os clientes são diferentes e o segredo do sucesso da comunicação é a escolha de expressões que aumentem sua chance de atrair a atenção de cada cliente em particular. Assim, se o cliente for idoso, você deve falar num ritmo mais lento, articulando claramente cada palavra. Se ele for desatento, altere o volume e o tom da voz de modo a chamar sua atenção.

Para cativar um cliente que está apenas "dando uma olhada", use as seguintes táticas:

Fatores	Escolha inadequada	Escolha adequada
Escolha de palavras	"Bom dia, senhora, posso ajudá-la?"	"Desculpe-me por interrompê-lo, mas queria avisar que se precisar de ajuda, é só chamar."
Tom	Frio, mecânico, trivial	Caloroso, sincero, motivado
Ritmo	Acelerado demais	Apropriado
Nitidez	Voz mal articulada	Articulação clara
Volume	Suave demais	Não muito alto nem muito suave
Intenção	Tarefa de rotina, movimentos automáticos	Esforço sincero para ajudar

O tom emocional é muito importante nesse contexto. A intensidade de sentimento colocada em cada palavra ou frase será registrada pelo cliente, que perceberá sinceridade ou o desinteresse, conforme a situação. Algumas vozes são melodiosas, outras monótonas. Algumas são fracas e apáticas, enquanto outras revelam a felicidade de quem as emite. Da mesma forma, existem vozes ásperas ou hesitantes que afastam as pessoas e vozes suaves, quentes e aveludadas que tranqüilizam e atraem.

Tenha consciência de como sua voz é reconhecida pelas pessoas e conheça as técnicas que podem ajudá-lo a modular e realçar o seu tom.

PASSO 24

Ouça com atenção as vozes dos outros e avalie o impacto que elas têm em você. A seguir, grave a sua própria voz e tente avaliar seu efeito nas outras pessoas. Incentive seus colegas a serem francos com você: sua voz transmite uma impressão positiva?

DICA

Uma pessoa positiva terá obrigatoriamente uma voz positiva.

25 ENTRE EM CONTATO COM OS CLIENTES

Para desenvolver relacionamentos eficientes, você precisa deixar os clientes entusiasmados.

Para ser um profissional bem-sucedido, você precisa entrar em contato com os clientes em todos os sentidos da palavra. De preferência, deixá-los entusiasmados de uma forma tão intensa que eles queiram repetir a experiência. Em suma, sua energia e dedicação têm de influenciar o cliente a ponto de ele querer entrar em contato com você novamente.

Apesar de controvertido e delicado, o contato físico é um recurso fundamental para o estabelecimento de relacionamentos eficientes. Em nome da correção política e da igualdade sexual, é natural que muita gente se retraia e tenha medo de fazer qualquer tipo de aproximação. Mesmo assim, vale a pena arriscar – quando o toque é adequado e conveniente, ele pode acrescentar um imenso valor na consolidação de uma relação.

Não existem regras sobre quando é ou não apropriado tocar um cliente fisicamente. Ter a capacidade de avaliar as coisas com bom senso e clareza e honestidade de intenção são duas características essenciais. Você pode argumentar que há casos em que o contato físico seria inadequado e, portanto, de alto risco. Mas isso não significa que não devemos cumprimentar a maioria dos clientes. O aperto de mão é o primeiro contato entre duas pessoas e a iniciativa deve vir de quem está se apresentando.

Ao estender a mão, você cria um vínculo e inicia a relação com um novo cliente ou consolida uma já existente. Há muitos tipos diferentes de aperto de mãos: desde um breve sacudir a uma pressão firme, ou ainda um aperto duplo (a pessoa aperta a mão do outro enquanto usa sua mão esquerda para segurar o cotovelo do outro para reforçar o cumprimento). Isso pode ser um poderoso toque de boas-vindas ou mesmo um agradável toque de despedida.

Outros toques físicos podem ter um impacto positivo nos clientes, envolvendo duas áreas consideradas aceitáveis: o ombro e o cotovelo.

Bater de leve no ombro para tranqüilizar a pessoa pode sinalizar uma intenção emocional. Da mesma forma, ao guiar um cliente pelo cotovelo você pode indicar que está verdadeiramente empenhado em ajudá-lo.

Há algumas zonas de risco intermediário em que o toque pode ser altamente apropriado ou inconveniente. O primeiro exemplo é tocar a mão de um cliente. Segurar a mão de uma senhora idosa quando ela está triste pode demonstrar sua compaixão. O segundo é passar o braço em volta do ombro de um cliente. Quando adequado, esse gesto indica amizade verdadeira.

Um toque de alto risco e que causa muita confusão é beijar uma cliente no rosto. Será que você deve fazê-lo? A regra é evitar, a não ser que conheça muito bem a cliente e deseje saudá-la como a uma verdadeira amiga. Nesse caso, trocar beijos no rosto é aceitável.

O comportamento, inevitavelmente, depende da origem cultural de cada pessoa. Portanto, as recomendações acima têm de ser adaptadas aos costumes locais e às tradições de cada país. Este capítulo foi escrito visando principalmente ao mundo ocidental.

PASSO 25

O comportamento no primeiro contato com o cliente é tão controvertido e arriscado que vale a pena discutir o assunto com seus colegas. "É desejável tocar os clientes fisicamente? Em caso positivo, em que circunstâncias?" Talvez seja proveitoso praticar as opções que vocês considerarem ideais.

DICA

Entre em contato com os clientes e com o coração deles. Toque-os.

26 ESCOLHA SEU MELHOR SORRISO

O sorriso é uma "arma" poderosa, que coloca os clientes à vontade e faz com que se sintam bem.

Um dos clichês nos debates sobre atendimento ao cliente é o "fator sorriso". Muitos acham que basta um sorriso para que o serviço seja considerado excelente. Para essas pessoas, a alegria e a simpatia resolvem quase todos os problemas. Na verdade, a resposta está no tipo de sorriso escolhido.

Sorrir não é um hábito fácil para muita gente. Qualquer estudo do rosto humano revelará que a maioria das pessoas tem uma expressão neutra (que entra automaticamente no ar quando nada está acontecendo). É essa expressão, ou melhor, ausência de expressão, que o rosto das pessoas assume não estão sendo solicitadas – ou seja, quando estão sentadas na condução, esperando em uma fila ou andando sozinhas na rua.

Tipos de sorriso
- Verdadeiro
- Caloroso
- Irônico
- Falso
- Debochado
- Astuto

Quando estão sozinhas, as pessoas raramente sorriem. Na verdade, se o fizessem, talvez achássemos um tanto estranho. A verdade é que sorrir é um ato que praticamos principalmente quando estamos com os outros. Pode surgir naturalmente, como uma expressão de contentamento por estarmos com as pessoas ou porque elas disseram ou fizeram algo divertido, mas também pode ser uma resposta automática (porque sorrimos intuitivamente para tudo) ou voluntária.

O sorriso é um instrumento comportamental poderoso, que deixa as pessoas à vontade e faz com que se sintam bem. Quando exagerado, há o risco de provocar suspeita: "Como é que essa pessoa pode sorrir o tempo todo? Ela nunca fica séria? Será que é superficial, sem nenhuma profundidade? Será que vive de seu charme?"

Por mais estranho que pareça, sorrir demais pode ser tão ruim para a sua relação com o cliente quanto sorrir raramente. O excesso cria a suspeita de que você não é sincero e que está desempenhando um papel, no caso, com o intuito básico de agradar ao cliente. O problema é que se você não sorrir, os clientes também podem achar que não gosta deles e não está interessado em estabelecer uma relação comercial duradoura.

Sorrir é um comportamento que deve refletir prazer. Se não lhe agrada encontrar determinada pessoa, não sorria. Mas não deixe que seu rosto reverta para a posição neutra. Direcione sua atenção para o cliente e treine até dominar conscientemente a expressão de seu rosto. Dessa forma você vai pode escolher o momento adequado para sorrir – talvez quando o cliente disser algo interessante ou mesmo quando ele estiver contente com o rumo da negociação.

O segredo do sucesso é desenvolver um sorriso especial que tenha o máximo de impacto. Quando quiser reforçar seu relacionamento com o cliente, esse é o momento de mostrar-se alegre e encorajador.

PASSO 26
Tenha consciência de como é o seu sorriso e qual o seu efeito nos outros. Experimente sorrir em determinadas ocasiões e escolha deliberadamente o tipo de sorriso que quer dar.

DICA
Sorrir para os clientes fará você feliz.

27 DIVIRTA-SE COM OS CLIENTES

O bom humor facilita o relacionamento com o cliente e reduz o estresse envolvido na negociação.

Richard Reed, um dos fundadores da empresa Innocent Drinks, instalou um "telefone banana" para seus clientes ligarem a qualquer hora. Seus produtos, que incluem uma bebida cremosa à base de iogurte, são entregues numa "vanvaca", uma caminhonete de entregas pintada como uma vaca.

Nem todos têm o mesmo senso de humor. Se tivéssemos, haveria uma fórmula da felicidade e todo mundo riria ao mesmo tempo. Mas não é assim. O que é engraçado para um não tem a menor graça para outro. Alguns só vêem o lado sério das coisas, não percebem a ironia por trás de um jogo de palavras. Em geral, entendem tudo ao pé da letra, literalmente, mesmo quando se trata de uma brincadeira. Quando você diz "Isso é tão horrível que vou chorar até chegar em casa", eles realmente acreditam que você vai chorar.

Por isso, rir e brincar podem ser comportamentos de alto risco. Como as pessoas têm receio de ofender o cliente, não se arriscam a fazer piada. E, é claro, trabalhar assim não é nada divertido. O entusiasmo é um elemento importante no mundo dos negócios. Nenhuma empresa quer ser identificada como um lugar monótono, entediante e previsível.

O segredo é nunca se divertir à custa do cliente (ou de outras pessoas). Ninguém acha graça em ser alvo de zombaria. Por exemplo, apontar para a camisa listrada de um cliente e comentar "Gosto de seu novo pijama" não é engraçado; pelo menos não para o pobre homem usando a camisa. Entretanto, se você perguntar a uma cliente "O que acha do meu novo pijama?", apontando para a própria camisa listrada, tem que correr o risco de que a pessoa entenda o que você está dizendo – ou, mais exatamente, o que não está dizendo.

O humor só deve ser personalizado quando você mesmo é o alvo da brincadeira. É preferível ser impessoal e fazer piadas como

"Nunca tivemos uma queixa sobre esse laptop porque nunca vendemos nenhum antes" ou "Essa marca de fita adesiva é excelente, a maioria dos clientes se gruda nela".

Livro do riso
Crie seu próprio livro com brincadeiras e diversões. Então teste uma ou duas delas com os clientes. Se eles sorrirem, você saberá que está a caminho de ser um vencedor.

A maior parte das interações com os clientes apresenta oportunidades para brincadeiras leves. A vantagem é que quanto mais suave o humor, mais divertido e aceitável ele é. Diversão e boa disposição de espírito estimulam o fluxo de serotonina no corpo, deixando as pessoas à vontade, o que facilita o relacionamento e reduz o estresse envolvido na negociação.

O segredo para ser uma pessoa bem-humorada é manter-se alerta para tudo o que é inesperado. Se o cliente chegar todo molhado de chuva, você pode aproveitar e comentar: "Que dia lindo está fazendo hoje!" As oportunidades criativas são infinitas: "Quando você paga aqui, o papel do recibo é sempre grátis" ou "Esses produtos duram uma vida inteira, nossos clientes voltam sempre para comprá-los".

Não é preciso muito para divertir um cliente. Basta ter imaginação e disposição para correr riscos. É sempre melhor fazer um comentário bem-humorado do que agir de forma fria e impessoal. A brincadeira pode inspirar o cliente, levando-o a também fazer comentários engraçados. Isso pode criar um clima de empolgação do tipo "vamos ver quem diz algo mais engraçado".

Siga a máxima: "O cliente sempre ri por último."

PASSO 27

Proponha-se a falar algo espirituoso ou a fazer uma piada com um cliente hoje. Basta ter imaginação para levar um cliente a sorrir.

DICA

Poucas áreas da vida são tão sérias que não se possa encontrar algo divertido no que está acontecendo.

28 COMEMORE COM OS CLIENTES

Personalize a celebração, fuja da rotina, aproveite qualquer oportunidade para agradar aos clientes.

Embora poucos de nós o façamos, devíamos celebrar o fato de estarmos vivos, de acordarmos bem-dispostos e com saúde, de usufruirmos nossa família, de ganharmos a vida trabalhando, de comermos um hambúrguer eventualmente e de conhecermos pessoas maravilhosas. Contudo, muitos acham que nada disso é tão especial que mereça comemoração, sendo que alguns até se queixam quando as coisas não acontecem de acordo com suas enormes expectativas.

Os clientes têm muito a celebrar também. É isso o que geralmente os impulsiona a fazer compras, a ir ao banco, a viajar e a realizar outras atividades fora de casa. Para criar uma oportunidade de agitar, basta descobrir o calendário dos eventos que são importantes para os clientes.

Stephanie Wing, quando trabalhava na recepção do Veranda Hotel, na Grande Baie, ilhas Maurício, tinha o hábito de anotar a data de aniversário de cada cliente para lhes enviar um cartão de congratulações. Se o aniversário ocorresse durante a estada do convidado, ela organizava um pequeno jantar, com direito a um bolo especial.

Faça o sol brilhar quando os clientes estiverem por perto.

Algumas equipes celebram simplesmente o fato de ter clientes. Herman Aquino, o chefe dos garçons do restaurante Tony Yang em Manila, Filipinas, costuma festejar os aniversários e casamentos dos clientes com bolos e música ao vivo. Quando o restaurante recebe a visita de turistas, ele bate palmas e anuncia o privilégio de terem clientes estrangeiros, fazendo a seguir uma serenata acompanhada de um bolo como cortesia.

É claro que é preciso ter bom senso, pois sempre existe o risco de se exagerar um pouco. Contudo, se a comemoração for bem planejada, o mais provável é que o cliente a aprecie. Uma das técnicas é personalizar a celebração, fugir da rotina. Por exemplo, evite programar o envio automático de cartões e mensagens de parabéns aos clientes.

O toque pessoal é essencial para que o gesto de delicadeza faça sentido. Tente estabelecer relações mais profundas com os clientes e só então procure oportunidades para festejar.

Aqui vão alguns exemplos de pequenas cortesias que você pode fazer para agradar aos clientes:

◊ Mande um cartão de aniversário personalizado (não pergunte, descubra a data em seu banco de dados).
◊ Dê pequenos presentes aos clientes que têm crianças.
◊ Mande um cartão de parabéns ao cliente que acabou de se formar.
◊ Ao ler sobre as realizações de um cliente (como atleta, à frente de uma obra de caridade ou ganhando um prêmio), ligue para cumprimentá-lo.
◊ Dê à cliente uma pequena lembrança do 10º aniversário da primeira transação comercial que ela fez com você.
◊ Se notar que um cliente está prestes a se aposentar, escreva-lhe uma carta pessoal para celebrar suas realizações passadas e futuros sucessos.
◊ Festeje a notícia do noivado de um cliente oferecendo ao casal uma taça de champanhe.

PASSO 28

Estabeleça um desafio para você e seus colegas: "Nesta semana descobriremos um evento especial para celebrar com os clientes." Se vocês se dedicarem, descobrirão alguma coisa interessante.

DICA

Todas as vezes que o cliente faz uma compra importante é motivo de celebração.

29 TRANSFORME SEUS CLIENTES EM CELEBRIDADES

Você não precisa ser o Tom Cruise para ser tratado como um astro. Basta ser cliente de um profissional de alto nível.

O cliente é a celebridade do mundo dos negócios. Ele marca o gol para você, coloca sua equipe no topo e deve ser tratado como um exemplo de pessoa de bom gosto, capaz de fazer escolhas inteligentes. Você é apenas o personagem coadjuvante que ajuda o cliente a chegar lá, que divulga sua fama e seu raro talento (de almejar o melhor para si mesmo e de obter o máximo de você).

Ao dar esse tratamento especial ao seu cliente, você está colocando em prática uma das regras fundamentais do serviço de atendimento: "Os clientes são pessoas muito importantes." Vale a pena relembrar esse conceito básico que muitas empresas parecem ter esquecido. Para elas, o cliente não é importante; na verdade, ele vale menos do que as tarefas do dia-a-dia (colocar etiquetas de preço, inventariar o estoque, criar mostruários, operar a caixa ou processar uma transação).

Transformar os clientes em celebridades pode se tornar uma profecia auto-realizável. Quando você trata alguém de forma especial, mais cedo ou mais tarde essa pessoa começará a agir como tal. Seu desafio é fazê-la se sentir a pessoa mais importante do mundo. Na verdade, quando um cliente entra pela porta da frente da empresa, tudo deveria parar.

Os clientes são como os artistas; eles atraem os olhares, todo mundo quer trocar algumas palavras com eles, suas compras se transformam na glória pessoal de quem os atende.

E como toda celebridade, os clientes precisam ter fãs – se você não é fã de seus clientes, jamais será bem-sucedido nos negócios.

Quando você trata os clientes de forma especial, eles ficam animados e naturalmente o tapete vermelho se desenrola à frente de todos. Lembre-se de que os concorrentes estão se exibindo para conquistar novos clientes; vale a pena se esforçar para que nada saia errado – os clientes não gostam de ficar decepcionados.

Você pode até colocar seus principais clientes na primeira página do boletim da empresa. Afinal, suas histórias precisam ser conhecidas – é importante que eles fiquem famosos dentro de sua empresa. Para você, eles são verdadeiras celebridades.

PASSO 29
Trate seus clientes como se eles fossem verdadeiras celebridades – e veja como eles reagem.

DICA
O atendimento de alto nível requer que você trate seus clientes como estrelas.

30 DECORE SEU ESPAÇO PESSOAL

Encante seu cliente com um local de trabalho bem decorado e alto-astral.

As empresas, em geral, são lugares muito feios, pois quase não existe planejamento e decoração. As paredes não têm quadros, apenas avisos e regulamentos em letras pequenas; os móveis são austeros e as cores, monótonas (cinza ou bege). Ou seja, o ambiente reflete a melancolia da burocracia e o gerenciamento inexpressivo.

Balzac, Kafka e William Whyte já escreveram sobre esse tipo de empresas, e elas ainda existem. Para evitar o tédio, é preciso que as pessoas reconquistem suas almas e lutem contra as limitações impostas pelas empresas. Um ambiente sem energia ou vibração acaba afetando os resultados. Isso mesmo. Acostumados ao estímulo da vida moderna, os clientes aos poucos vão se afastando por causa da negatividade desses locais escuros e intimidantes.

Empresas modernas encantam os clientes por irradiarem uma energia positiva. As coisas vão para a frente quando as pessoas se alegram e se expressam com imaginação e criatividade. Por isso, decore seu espaço pessoal.

Pequenos toques decorativos:
- Bolas de gás amarelas
- Citações de autores favoritos
- Fitas coloridas penduradas
- Gravuras de paisagens tranqüilas
- Livro dos visitantes
- Bombons e biscoitos de cortesia
- Pôsteres com celebridades
- Vasos com flores
- Fotos de família
- Ursinhos de pelúcia

Sua personalidade é um reflexo do modo como sua mesa de trabalho está organizada, assim como seu visual. É isso que demonstra se a pessoa que ocupa aquele espaço é interessante, criativa e fascinante ou se é alguém desmazelado, sem personalidade e tedioso. Em outras palavras, as paredes, os móveis e a arrumação (ou não) dos objetos "falam".

É possível identificar a cultura de uma organização pela cor das paredes e pelo mobiliário, assim como pela maneira como as pessoas trabalham. Gente que agita decora seu espaço pessoal com bolas de gás, tiras coloridas, fotos e citações e, em geral, tem sempre à disposição dos convidados balas, enfeites ou brindes.

O ambiente revela sua personalidade, seu espírito de equipe, enfim, tudo o que você é e no que você acredita. Nikki, recepcionista da Saxon Weald Housing, na Inglaterra, enfeita sua mesa com pirulitos para as crianças que visitam a empresa.

Não existe regra ou padrão para esse tipo de personalização do ambiente de trabalho. O problema é quando o departamento administrativo, sempre tentando cortar custos, determina que não se cole ou se pendure nada nas paredes ou nos tetos (para evitar danificar a pintura).

Cada pessoa deveria ter total liberdade para decorar seu espaço, tornando-o um local vibrante e cheio de boas energias para receber os clientes. Uma equipe que conheci decidiu instalar um balde no meio do escritório para que as pessoas se sentissem motivadas a doar dinheiro para caridade. Isso criou uma agitação, não apenas para a equipe e para os que visitavam o escritório, mas também para a obra assistencial beneficiada.

PASSO 30
Limpe e organize sua mesa, o escritório e todo o espaço de trabalho. Faça uma decoração agradável para funcionários, clientes e visitantes.

DICA
Crie, decore e estimule. Isso ajuda o negócio a ser bem-sucedido.

A ENERGIA DO SUCESSO

A vibração vem das energias emocionais positivas que emanam do coração e da alma dos funcionários que adoram criar experiências memoráveis para os clientes.

A inteligência emocional, a competência emocional e o valor agregado emocional têm papéis fundamentais a desempenhar. Eles estão relacionados com os desejos e as motivações das pessoas para conquistar clientes e fazer com que eles se sintam bem. O impulso motivador para o sucesso é emocional, não intelectual.

Quando há entusiasmo por parte da empresa, os clientes sentem. Não se trata de um processo racional em que os clientes analisam sua experiência, preenchem os quadradinhos de um formulário de pesquisa e concluem que ela foi bem-sucedida. Eles sentem a energia do sucesso.

31 **Invista no relacionamento com o cliente**
32 **Seja compreensivo**
33 **Largue o que estiver fazendo para ajudar**
34 **Assuma a liderança**
35 **Estimule o espírito de equipe**

31 INVISTA NO RELACIONAMENTO COM O CLIENTE

As relações precisam ser desenvolvidas e reforçadas com a realização de pequenas gentilezas.

As empresas progressistas começam a agitar pelo topo. Seus diretores procuram construir e desenvolver relações com os clientes e também com os funcionários. É uma de suas prioridades.

Alan Jones, por exemplo, ex-diretor de administração da TNT Express em Atherstone, na Inglaterra, tinha uma política simples. Os clientes podiam se relacionar com qualquer pessoa que escolhessem na empresa. Não havia nenhum tipo de filtro telefônico nem discagem direta ao ramal, pois a idéia era remover as barreiras e estimular as relações entre os clientes e a companhia.

Dan Watkins, diretor administrativo do Birmingham Midshires Bank, tem a mesma postura. Sua disponibilidade para os clientes é tamanha que seus números de telefone de casa e do trabalho estão no site do banco. Andrew Messenger, diretor executivo da construtora West Bromwich, também aplica esse conceito: "Todo o foco está nas pessoas. Esse é o nosso segredo."

Esses altos executivos lideram pelo exemplo, demonstrando que estão prontos a investir tempo, esforço e energia no desenvolvimento de relações tanto com os clientes quanto com os funcionários.

Para fazer isso eles só precisam dedicar um pouco de seu tempo às pessoas e, sempre que possível, fazer algo por elas. É tão simples quanto estar disponível para ouvi-las ou para ajudá-las a resolver algum problema.

Os relacionamentos tendem a se desgastar com o passar do tempo. A energia se esvai quando caímos na rotina e no hábito. Portanto, para desenvolver e sustentar um relacionamento, precisa-se de tempo e estímulo aplicado periodicamente.

"Temos clientes que passam pela manhã em uma de nossas agências e retiram R$ 100, depois voltam à tarde para depositar os mesmos R$ 100", diz Andrew Messenger. "Eles fazem isso porque desenvolveram uma relação com nossa equipe."

Invista 15 minutos de seu tempo diariamente para desenvolver e aprofundar sua relação com os clientes.

Na verdade, são muitas as oportunidades para desenvolver novos relacionamentos a partir de relações profissionais. Elas podem surgir desde um telefonema ocasional para pedir feedback sobre o atendimento ou mesmo durante uma negociação para compra de matéria-prima.

Às vezes, um breve bate-papo é suficiente para que o cliente se sinta valorizado. Para ele, o simples fato de você investir seu tempo e sua energia já significa muito – isso alimenta, nutre e sustenta a relação, além de incentivar a fidelidade do cliente.

PASSO 31
Realize a cada dia uma ação destinada a desenvolver sua relação com um cliente. Pode ser um e-mail contendo algum texto interessante ou um breve bate-papo sobre a partida de futebol da noite anterior.

DICA
Quanto mais você investe no desenvolvimento das relações com os clientes, mais bem-sucedido se tornará.

32 SEJA COMPREENSIVO

Use sua inteligência emocional para entender como os clientes sentem e reagem.

Esqueça suas próprias emoções. Os sentimentos dos clientes são muito mais importantes para o seu negócio. Use sua inteligência emocional para compreender, de maneira sensível e inteligente, como eles sentem e reagem.

Pessoas que possuem excelentes habilidades para se relacionar com os outros – a capacidade de se identificar com a outra pessoa, a empatia – conseguem detectar as nuances emocionais expressadas por quem está ao seu redor. Elas captam desde um olhar zangado ao estado de espírito deprimido e animado, e isso faz toda a diferença no relacionamento com o cliente.

Conheça as principais emoções:

Prazer	diversão, encantamento, felicidade, alegria, orgulho, alívio, excitação
Amor	atenção, estima, generosidade, proteção
Aceitação	amizade, harmonia, gentileza, confiança, entusiasmo
Surpresa	admiração, perplexidade, desalento, choque, espanto
Tristeza	desespero, solidão, tristeza, infelicidade
Vergonha	embaraço, culpa, desapontamento, remorso
Negatividade	frieza, distância, desconfiança, rejeição
Desagrado	desdém, aversão, escárnio, desfeita
Raiva	animosidade, irritação, exasperação, fúria, indignação, cólera, ultraje
Medo	alarme, ansiedade, apreensão, preocupação, insegurança, horror, perturbação

Uma das coisas que você pode fazer todos os dias é direcionar sua antena emocional para cada cliente e tentar compreender seu comportamento. Em pouco tempo você vai perceber se ele está demonstrando emoções positivas ou negativas, ou nenhuma emoção. Então, à medida que sua empatia for se desenvolvendo, você começará a detectar essas emoções. E isso o capacitará a reagir com eficiência.

A empatia é a capacidade de se identificar com outra pessoa, de sentir o que ela sente, de querer o que ela quer. Ou seja, de desenvolver sua capacidade de entender e aceitar as emoções do cliente. Não vale a pena dizer a ele: "Você não tem razão de se zangar conosco porque o produto deu defeito." É melhor dizer: "Eu também ficaria zangado se o produto tivesse falhado assim comigo. Posso imaginar a inconveniência de ter que trazê-lo para trocar."

Da mesma forma, se um cliente está entusiasmado porque vai passar as férias na Flórida, um funcionário que domine a empatia poderá compartilhar essa animação e conquistar alguns pontos extras.

O segredo é aceitar os clientes do jeito que eles são. Se estiverem irritados com alguma coisa, trate de entender a situação para ajudá-los a reverter o mau humor – e a melhor maneira de conseguir isso é fazendo algo positivo.

Vejamos um exemplo: o cliente se sente culpado porque é a terceira vez que pede ajuda para o mesmo problema. Um funcionário inábil pode constrangê-lo com um desatento "o.k." ou até com um olhar de impaciência. O resultado é imediato: a auto-estima do cliente acusa o golpe, pois sente que o funcionário o tratou como um idiota. Um funcionário empático já se comporta de forma diferente. Ele tranquilizará o cliente e o convencerá de que aquilo não é um problema e sim um prazer.

Os relacionamentos são construídos ou destruídos por essas trocas sutis de sinais emocionais. A empatia é um componente essencial para o sucesso.

As emoções são contagiantes, o que pode ter vantagens e desvantagens. Você nunca deve permitir que a emoção negativa de um cliente (como irritação) o contagie, irritando-se também. Mas quando a emoção for positiva, permita que seus sentimentos sejam tocados por ela.

Como expliquei no Capítulo 21, se você tem prazer ao ver um cliente, a probabilidade é que ele também ache prazeroso ver você. Isso é a empatia trabalhando em sua forma mais poderosa.

PASSO 32

Junte-se a um de seus colegas para analisar a lista de emoções apresentada aqui e assinale as que seus clientes estão demonstrando hoje. Qual deve ser sua resposta?

DICA

A qualidade mais importante da inteligência emocional é a empatia.

33 LARGUE O QUE ESTIVER FAZENDO PARA AJUDAR

Se você não ajudar seus clientes, quem o fará? Esteja disponível sempre que for necessário.

Eileen Smithers entrou numa loja de departamentos e procurou a seção de papelaria. Lá encontrou um livro de anotações de que gostou, mas não conseguiu achar o preço em parte alguma. Perto dela havia uma funcionária que não a tinha notado, pois trabalhava com os olhos baixos, examinando uma documentação. Eileen abordou-a: "Por favor, pode me dizer o preço disso?" A funcionária pareceu aborrecida por ser interrompida. "Há um scanner ali", resmungou ela, apontando para uma pilastra. Eileen não tinha visto o indicador de preços; além disso, não tinha certeza se sabia operá-lo. Então pôs o livro de anotações de volta na prateleira e saiu.

Profissionais de sucesso são ótimos em ajudar clientes com dificuldades. Estão sempre disponíveis e, na realidade, gostam da perspectiva de fazer pequenas gentilezas para os clientes. Seu objetivo é garantir que qualquer inconveniência seja minimizada.

Isso pode se traduzir em ações tão simples quanto levar as compras do cliente até o carro, se pôr à disposição para completar um formulário de registro ou ligar para um fornecedor a fim de obter informação adicional sobre o equipamento comprado pelo cliente.

Nas empresas bem-sucedidas, os funcionários estão sempre em busca de oportunidades de ajudar. Se o cliente está procurando alguém, tratam de descobrir a pessoa com quem ele quer falar e o colocam em contato com ela; procuram no estoque o produto que o cliente deseja e não está conseguindo achar; verificam o atraso na entrega da mercadoria e dão feedback. Enfim, ajudar é um dos seus maiores prazeres. O altruísmo que esse comportamento reflete está na essência das equipes de alto nível.

Há, no entanto, um grande número de empresas que parecem distanciadas dessa realidade. Isso se verifica especialmente quando o cliente procura certas instituições financeiras e securitárias e se depara apenas com os famigerados call centers. Cada vez que ele liga para o número do serviço de atendimento ao cliente, fala com uma pessoa diferente, que o obriga a repetir detalhadamente o que deseja. Mesmo depois de narrar sua história e todas as circunstâncias pela enésima vez, os atendentes se mostram relutantes se o problema estiver fora do padrão.

A situação ideal é aquela em que ajudar um cliente é a prioridade, se necessário deixando de lado outras tarefas.

PASSO 33
Torne-se um "ajudante de cliente". Seja a pessoa para quem o cliente se volta quando precisa de alguma coisa. Nunca o envie para outros funcionários – em vez disso, seja o primeiro a ajudá-lo.

DICA
Quando os clientes precisam de ajuda, você deve estar lá para oferecê-la.

34 ASSUMA A LIDERANÇA

Você não precisa esperar pelo líder para assumir a dianteira e decidir em prol do cliente.

No fundo, todo profissional bem-sucedido deseja assumir a liderança e oferecer a experiência mais positiva possível para os clientes.

Num time de futebol, a liderança nem sempre é desempenhada pelo capitão. Pode ser assumida por um jogador da defesa que marca um gol ou por um atacante que decide apoiar a defesa. Num time de alto nível, todos são líderes, na medida em que agem em nome do interesse do grupo.

Assumir a posição de líder exige uma série de decisões individuais em benefício do cliente, sem precisar da aprovação do chefe. Isso é ser proativo. Essas decisões podem ser grandes ou pequenas – desde como gastar o borderô do departamento até chamar e pagar um táxi para levar o cliente que passsa mal de repente e quase desmaia na loja.

Quem encontrar o cliente primeiro deve assumir a missão de ajudá-lo. Não pergunte a seu chefe se deve ou não agir de determinada maneira; pergunte a si mesmo e assuma a dianteira, decidindo em prol do cliente.

Este é o famoso triângulo invertido:

```
              CLIENTES
FUNCIONÁRIOS ▲▲▲▲▲▲ = LÍDERES
              ▲▲▲▲▲
               ▲▲▲
                ▲
         CHEFES (APOIADORES)
```

> **Assuma a liderança**
> - Invista em um cliente que esteja em um momento difícil.
> - Saia da rotina para ajudar um cliente.
> - Faça contato com o cliente que está sendo atendido por outro departamento da empresa.

Na prática, o triângulo invertido significa que o primeiro funcionário que se deparar com o problema do cliente deve assumir a missão de resolvê-lo. Qualquer um que veja uma oportunidade de agradar ao cliente deve tomar a iniciativa de fazê-lo. Isso torna o serviço de atendimento ao cliente excepcional.

Em uma organização hierárquica tradicional, na qual o diretor executivo está no topo da pirâmide e os clientes e funcionários na base, qualquer iniciativa diferente precisa ser aprovada pelo chefe. Para criar um clima de entusiasmo e vibração, o fluxo de energia tem que ser revertido. A energia positiva deve fluir para os clientes, não para o chefe. Na realidade, os chefes não deveriam estar absorvendo, e sim distribuindo energia.

Em termos práticos, isso significa permitir (dar poder para) que os funcionários tomem decisões em benefício dos clientes. Isso representa um enorme desafio para as organizações de estilo autocrático, acostumadas a manter os clientes (e funcionários) à distância e a tomadas de decisão apenas entre os altos executivos.

Portanto, para que os negócios sejam bem-sucedidos, é necessário que os líderes confiem em suas equipes.

PASSO 34

Aproveite quando o chefe estiver fora para assumir a liderança nas tomadas de decisão. Crie uma oportunidade e, se tiver sucesso, chame o chefe para demonstrar sua iniciativa.

DICA

Para liderar, deixe que as pessoas assumam a liderança.

35 ESTIMULE O ESPÍRITO DE EQUIPE

O sucesso só acontece quando as pessoas se sentem inspiradas a trabalhar em grupo.

Inspiração é o mesmo que iluminação, lampejo ou idéia que surge de forma espontânea de uma pessoa ou equipe. Para criar uma abordagem criativa para o trabalho da equipe, cada profissional precisa ser estimulado. Qualquer um pode fazer isso, não só o chefe. Quando a equipe assimila esse espírito de trabalho em grupo, cria uma vibração que resulta em uma série de pequenas gentilezas feitas pelos funcionários para agradar aos clientes.

O melhor estímulo é o desafio pessoal – por exemplo, provocar todos os colegas a estabelecerem relacionamentos de alto nível com os clientes. Mas isso também requer um desafio de equipe, boa liderança e uma excelente motivação – assuntos examinados mais detalhadamente em *De olho na equipe*, o livro que complementa este.

Conheça alguns comportamentos que estimulam o espírito de equipe:

◊ Denílson percebe que um grupo de clientes se aproximou de Lea, então chama dois colegas e os três vão ajudar a colega a atender os clientes.
◊ Eva tem uma experiência ruim com um cliente abusado. Marinete e Jane a levam para o escritório dos fundos e lhe dão água para acalmá-la e apoio moral.
◊ Bernardo se oferece para buscar uma peça sobressalente de que Nilton precisa com urgência para um cliente.
◊ Franklin começa a cantar parabéns para dois clientes que estão comemorando seus aniversários. José, Nádia, Manoela e Márcio juntam-se a ele e improvisam um número de canto e dança, para encanto dos dois clientes e dos que estão próximo a eles.
◊ Saindo do escritório, Vitória nota a longa fila que se formou junto aos guichês. Ela avisa aos clientes que eles serão atendidos logo que possível e a seguir abre outros guichês.

◇ A mãe de Sônia está seriamente doente, o que significa que Sônia precisa de um horário mais flexível para visitá-la no hospital e também para pegar os filhos na escola, tarefa que sua mãe fazia habitualmente. A equipe se reúne e reorganiza os horários de modo que Sônia possa sair e seus clientes não fiquem sem assistência.

◇ Leonel recebe a faixa preta de judô. Sheila, Muriel, Maria e Jurema compram uma garrafa de champanhe para comemorar a conquista com o cliente.

◇ Brenda lança desafio "cliente do dia". A idéia é se reunir no final do dia com a equipe para discutir as experiências com os clientes e eleger o "mais interessante ou produtivo". Brenda liga para o cliente no dia seguinte para informá-lo que irá receber um vale-presente pelo correio.

◇ Sidney sempre traz uma bandeja de sonhos para a equipe pela manhã. Também os oferece aos clientes que chegam cedo.

◇ Janice organiza um "dia vermelho" no escritório. Todos têm que usar algo vermelho. Nilo exibe uma gravata vermelha enquanto Marcela aparece usando batom e ruge. Dora traz uma bolsa vermelha e Maria surge com sapatos da mesma cor. Os clientes são estimulados a "descobrir o vermelho". Michele enrubesce continuamente quando os clientes lhe perguntam: "O que você está usando de cor vermelha?"

Trabalho de equipe envolve estimular a criatividade e o entusiasmo que os clientes tanto adoram. A maioria das pessoas sente a vibração assim que passa pela porta. A negociação deixa de ser mecânica e impessoal e se torna um evento emocional de imensa atração para os clientes. Eles querem estar ali porque a equipe é de primeira e eles gostam da experiência.

São as pequenas coisas que os integrantes da equipe realizam uns para os outros que ajudam a fazer a diferença – não apenas para os envolvidos, mas também para quem está ao seu redor, inclusive os clientes. Isso acontece porque cada integrante estimula os demais, o que resulta em um grande fluxo de energia positiva se propagando pelo negócio e sendo prontamente detectado pelos clientes.

Isso pode acontecer num avião, num restaurante, num banco ou numa grande loja de departamentos, assim como numa repartição pública ou mesmo numa delegacia policial. Quando uma equipe quer agitar, isso pode acontecer em qualquer lugar e a qualquer momento.

PASSO 35

Reúna a equipe e coloque em discussão: "O que motiva as pessoas? O que as deixa desestimuladas?" A seguir, comece a motivar as pessoas.

DICA

Quanto mais brilhante a equipe, mais bem-sucedida ela é.

UM ETERNO APRENDIZ

As equipes de sucesso são cheias de gente fascinante cuja característica principal é ser fascinada por seus clientes. Os integrantes dessas equipes, em geral, têm a mente aberta e estão sempre fazendo perguntas. Nunca param de aprender; sempre querem saber mais sobre os clientes, os concorrentes e os produtos, bem como sobre a empresa. Além disso, se interessam por saber como fornecer um serviço de categoria internacional de modo consistente.

A curiosidade é a principal qualidade de um profissional desse tipo. Para aumentar seu know-how, ele precisa absorver novos conhecimentos, assim como desenvolver novas habilidades, de modo a se tornar cada vez mais experiente.

Trata-se de uma viagem de descobertas na qual esses profissionais exercitam suas habilidades de ouvir atentamente e observar. Eles notam coisas diferentes e desafiam a si mesmos a ultrapassar os próprios limites e descobrir um caminho melhor.

36 **Conheça seus clientes**
37 **Preste atenção no que os clientes estão falando**
38 **Aumente seu conhecimento dos produtos**
39 **Atendimento nota 10**
40 **Um desafio a cada dia**

36 CONHEÇA SEUS CLIENTES

Aprenda algo novo sobre um cliente a cada dia.

Aprender é uma aptidão natural das pessoas curiosas. Ao fazer perguntas, elas descobrem novas e úteis fontes de informação que transformam em conhecimento, tornando-o disponível para aplicação.

Isso fornece especialmente a construção de relacionamentos com os clientes e a qualidade do serviço de atendimento fornecido. Quanto mais você aprende sobre os clientes, melhor se relacionará com eles e mais condição terá de ajudá-los.

Ao tratar todos os clientes da mesma maneira, você perde a oportunidade de perceber as particularidades de cada um e, assim, escolher a melhor maneira de atender as necessidades individuais – o que é a base para o estabelecimento de uma relação significativa com os clientes.

Cada contato com o cliente é uma chance de aprender algo novo. A informação que você adquire pode às vezes parecer trivial, mas ela se soma ao quadro geral que mostra quem realmente é aquela pessoa – e o que ela de fato aprecia no serviço que você lhe fornece.

Embora não seja possível descobrir tudo sobre alguém em encontros rápidos de negócios, as pessoas que atingem a excelência no que fazem são as que aproveitam cada momento com o cliente para aumentar seu conhecimento. Elas vão além da rotina e acrescentam uma nova dimensão ao banco de dados de cada cliente, com dicas sobre hábitos pessoais, área de atuação e preferências.

Assim, quando a oportunidade surgir, esses profissionais estarão na melhor posição possível para ajudar. Saiba o tipo de informação que você precisa ter sobre cada cliente:

- ◈ O que ele faz nos fins de semana.
- ◈ Como vão seus filhos.
- ◈ Qual é seu atleta preferido.
- ◈ Se ele vai a estádios ou prefere ver os jogos pela televisão.
- ◈ Quem ele acha que vai ganhar a eleição.

◈ Quais são os jornais e revistas que costuma ler.
◈ Como chegou ao trabalho no dia da greve.
◈ Se cuida da alimentação e se faz dieta.
◈ Quais são suas preferências em termos de teatro, cinema e música.
◈ O que acha do novo produto que sua empresa lançou.
◈ Quando pretende reformar ou redecorar a casa.
◈ Se já experimentou o novo restaurante chinês que abriu na cidade.
◈ Para onde foi nas férias e se gostou.

Ao fazer esse tipo de pergunta, você aprende muito sobre o cliente. Pode, inclusive, montar um quadro com os principais itens e usá-lo como fonte de referência para futuras negociações. Quanto mais dados reunir, melhor identificará as necessidades do cliente de modo a traçar um plano estratégico para ajudá-lo.

Por exemplo, você pode descobrir que a filha de um cliente está prestes a ir para a universidade e que o melhor amigo de um outro cliente está começando uma nova empresa e está precisando de ajuda na área de contabilidade. Isso significa que este seria o momento ideal de oferecer a abertura de uma conta para ela no banco, assim como oferecer serviços financeiros para a nova empresa.

PASSO 36

Estabeleça para você mesmo o desafio de aprender todo dia algo novo sobre pelo menos um cliente. Tome nota do que aprendeu.

DICA

Quanto mais você aprender sobre os clientes, melhor se relacionará com eles e mais condição terá de ajudá-los.

37 PRESTE ATENÇÃO NO QUE OS CLIENTES ESTÃO FALANDO

Se quer que os clientes ouçam suas estratégias de vendas, é melhor ouvir primeiro o que eles têm a dizer.

O melhor modo de afastar os clientes é não prestar atenção no que eles falam. Agindo assim você jamais os entenderá ou aprenderá sobre eles.

Todo mundo gosta de falar, mas poucos gostam de ouvir. A maioria prefere o som da própria voz ao da voz dos outros. Visite qualquer local público (como uma loja ou restaurante) e observe discretamente as pessoas conversando. Você vai descobrir que muitas "conversas" são, na verdade, monólogos. Muita gente simplesmente não está escutando – no máximo, percebe o som, mas não tem consciência do que está ouvindo.

Escutar não é fácil. Requer energia, vigor emocional e intelectual, concentração e, sobretudo, um genuíno interesse no que as pessoas têm a dizer.

Uma das pequenas gentilezas que você pode fazer para impressionar seus clientes é ouvi-los com atenção. A maioria das pessoas quer uma audiência para suas histórias e quando você lhes fornece isso elas o adoram. Ao ouvi-las atentamente você as convence de que suas histórias são importantes também para você. Ouvir os clientes ajuda a levantar a auto-estima deles e cria um ambiente de compreensão, que é fundamental para qualquer relação significativa.

Muitos profissionais não escutam os clientes pela simples razão de que isso expõe problemas de que eles não querem tomar conhecimento. Além disso, distrai sua atenção de outras atividades importantes. Como tempo custa dinheiro, por que perder tempo ouvindo os clientes?

Contudo, se você acredita que um negócio bem-sucedido se baseia em bons relacionamentos, não tem opção senão prestar atenção no que os clientes estão dizendo. Um serviço de atendimento ao cliente excepcional não pode ser obtido de outro modo.

Conheça as regras básicas para ouvir os clientes com atenção:
1. Para mostrar-se atento você precisa estar sinceramente interessado no cliente e no que ele tem a dizer.
2. Escute seu cliente com a intenção de compreendê-lo melhor, saber o que o motiva, do que gosta ou não e, mais especificamente, conhecer suas necessidades e desejos em relação aos produtos e serviços que sua empresa oferece.
3. Sua atitude, linguagem corporal e tom de voz devem reforçar seu esforço para ouvir com clareza. Sabemos quando nosso interlocutor não está nos ouvindo de fato.
4. Quando estiver escutando, só há três motivos para você interromper o cliente:
   - Fazer perguntas para esclarecer algum ponto.
   - Reagir ao que o cliente diz a fim de demonstrar compreensão.
   - Responder a perguntas.
5. A técnica da escuta atenta exige um objetivo, tal como qualquer ação para resolver um problema ou para satisfazer uma necessidade. É importante manter o foco em cada encontro com o cliente e direcionar a conversa para a realização desse objetivo.

Apesar de tudo, há um limite para ouvir. Alguns clientes mais solitários querem contar a história de sua vida, enquanto outros são loquazes e fazem grandes rodeios para chegar ao ponto principal. Isso significa dedicar tempo e energia que poderiam ser mais úteis nas conversas com os clientes que esperam pacientemente sua vez.

A regra número 5 é especialmente importante porque fala da habilidade de direcionar a conversa para uma conclusão que satisfaça o cliente, sem que este se sinta apressado e sem que lhe seja negada a oportunidade de se expressar.

Ouvir é uma arte – e requer a articulação de um conjunto de comportamentos para demonstrar seu verdadeiro interesse pelo que o cliente tem a dizer.

PASSO 37

Escute com atenção seus clientes para poder compreendê-los melhor.

DICA

Quem nunca ouve acha que sabe tudo. Quem ouve com atenção sabe de fato.

38 AUMENTE SEU CONHECIMENTO DOS PRODUTOS

Reserve pelo menos cinco minutos por dia para ter mais informações sobre os produtos.

Conhecer o produto ou serviço que sua empresa fornece é essencial. Quanto mais informações você tiver a respeito do seu portfólio, dos níveis de estoque, dos serviços e das empresas concorrentes, mais poderá oferecer aos clientes.

Não há nada mais frustrante do que tentar comprar um produto por intermédio de um vendedor que não sabe nada sobre ele. Quanto mais conhecimento se adquire, maiores condições se terá de responder às perguntas dos clientes.

Kevin Burley, quando gerenciava um hotel, costumava fazer questionários para ajudar a equipe a desenvolver seu conhecimento de produto. Entrava na sala em que as pessoas descansavam e fazia perguntas como: "Em breve teremos uma promoção de jantar do Dia dos Namorados. Podem me dizer o preço e o que está no cardápio?" Em sua opinião, todos os que trabalhavam no hotel deviam saber a resposta. Não importava se o hóspede questionaria a camareira ou alguém da tesouraria; o importante era que todos os funcionários pudessem responder a qualquer pergunta.

Byron Taylor, gerente da TNT Express, conta sobre a gincana que criou para motivar os funcionários da filial inglesa. A competição, nos moldes do programa de tevê "Quem quer ser milionário?", testava o conhecimento do grupo sobre os produtos e serviços oferecidos pela empresa e pela concorrência. A etapa final se realizava num centro de convenções e prêmios valiosos eram distribuídos para a equipe vencedora.

Com essa estratégia, Taylor mostrou que é possível aprender e se divertir ao mesmo tempo. Aprimorar o conhecimento sobre o produto não deveria ser uma tarefa árdua, mas uma experiência enriquecedora para os funcionários e vantajosa para os clientes.

Aprendendo e se divertindo
◊ Crie perguntas e respostas sobre produtos (e estoque), oferecendo prêmios (como barras de chocolate) para os que acertarem 80% das respostas ou mais.
◊ Organize torneios de conhecimento sobre produtos e serviços e distribua medalhas de ouro para os vencedores.
◊ Credencie funcionários como especialistas em determinados produtos quando eles demonstrarem ter domínio total sobre o tema.
◊ Use as reuniões da equipe para compartilhar conhecimento sobre novos produtos.

Muitos fabricantes trabalham em parceria com grandes varejistas para treinar seu pessoal no uso de seus produtos, sejam estes máquinas de lavar ou cortadores de grama. É vantajoso para todos os envolvidos – fabricante, varejista e cliente – que os vendedores nas lojas tenham um profundo conhecimento do que estão vendendo. Do contrário, é grande o risco de desinformação e indicações equivocadas sobre a capacidade de um equipamento. A conseqüência é a pior possível – um cliente mal informado e insatisfeito.

Por mais aulas e treinamento que a empresa forneça, o funcionário precisa se sentir motivado a aprender sobre produtos e mudanças de tecnologias. Algumas lojas de departamentos mantêm em estoque mais de 500 mil produtos, o que impõe imensos desafios aos funcionários que atendem os clientes.

É por isso que a TNT Express dá a seu questionário o título de "A quinta dimensão". A quinta dimensão de qualquer negócio bem-sucedido é se tornar uma organização de aprendizado.

PASSO 38
Aperfeiçoe sua capacidade de aprender todos os dias algo novo sobre os produtos que você tem no estoque e os serviços que fornece.

DICA
Para o cliente, você é o especialista no produto ou serviço que está vendendo.

39 ATENDIMENTO NOTA 10

Para fornecer um serviço de alto nível é preciso conhecer o que existe de melhor.

Ter categoria internacional significa superar os próprios limites ao aprender o que os outros profissionais têm a oferecer de melhor. É uma das poucas coisas que podemos fazer todos os dias, porque os exemplos e as lições estão à nossa volta.

A iniciativa para se tornar um profissional de alto nível precisa vir de você. Não basta se apoiar nos altos executivos para definir o que é uma atuação de destaque na área de atendimento ao cliente, nem esperar que o departamento de recursos humanos prepare um treinamento sob medida para que você se torne um expert no assunto. Todo mundo devia ser especialista em atender o cliente com eficiência. É como aprender um idioma – você melhora à medida que pratica.

Felizmente, estamos o tempo todo em contato com atendimento ao cliente: ou estamos dando atendimento ou sendo atendidos. Passamos por experiências que nos ajudam a refletir, a estudar e a aprender sobre o tema. Na verdade, os recursos disponíveis, formais e informais, são imensos:

Fontes de consulta para um atendimento de alto nível

- Suas experiências cotidianas.
- Visitar estabelecimentos que forneçam serviço de categoria internacional.
- Experiências de amigos e famílias (histórias sobre serviços de atendimento bem-sucedidos).
- Livros sobre serviço ao cliente.
- A internet (o Google lista mais de 1,3 milhão de entradas para "atendimento ao cliente").
- Debater o serviço de atendimento ao cliente com pessoas de outras empresas e identificar o que funciona melhor.

◊ Cursos e programas de treinamento (organizados pela empresa e por você).
◊ Jornais (especialmente as colunas de leitores contando seus problemas e pedindo ajuda) e revistas especializadas.
◊ Cinema e TV (com exemplos de serviço).
◊ Buscar o conselho de especialistas.

> **Anote estas dicas de atendimento**
> - Tenha idéias criativas.
> - Destaque as lições.
> - Estude e aprenda.
> - Aplique sua estratégia.

Em outras palavras, as oportunidades de aperfeiçoar o atendimento ao cliente são imensas. Por meio do estudo, você perceberá seus pontos fracos e como melhorá-los. Na realidade, se aplicar todas as novidades que aprender, estará muito à frente de seus concorrentes.

Como ponto de partida, tente identificar uma organização que forneça um atendimento ao cliente de categoria internacional. Analise seus procedimentos, visite-a como cliente, converse com seus funcionários e anote seus pontos positivos. Descubra o que ela faz para ter consistência (regularidade) e altos padrões de qualidade. Examine sua abordagem e aprenda com ela.

Em seguida, escolha outras empresas e repita esse exercício. Converse com especialistas, leia revistas e livros sobre o assunto e só então coloque em prática as lições que achar interessante. Mas não deixe de se questionar todos os dias: "O que posso fazer de diferente para melhorar ainda mais o serviço de atendimento aos clientes?"

PASSO 39

Prepare um programa de estudos para se tornar um profissional de categoria internacional. Faça uma lista com as melhores fontes sobre o assunto e então comece a aprender.

DICA

Profissionais de sucesso não se limitam a estudar a teoria do atendimento ao cliente. Eles testam as melhores técnicas na prática.

40 UM DESAFIO A CADA DIA

Questione-se todos os dias: "Estou fazendo o suficiente para criar uma estratégia de sucesso e melhorar minha abordagem?"

Quando não temos desafios a enfrentar, nos tornamos vítimas da complacência e da arrogância. Como estamos sempre aprendendo algo novo, precisamos nos pôr à prova diariamente: "Estou fazendo o suficiente? Como posso melhorar?"

Na tentativa de cumprir essa tarefa, o departamento de artigos masculinos de uma grande loja surgiu com a idéia de encorajar a equipe a conversar com os clientes. Para isso, criou temas que facilitassem a aproximação de vendedores e clientela.

Veja quais foram os temas escolhidos para cada dia da semana:

Segunda-feira	OUÇA	"Nosso desafio hoje é OUVIR todos os clientes que nos abordam."
Terça-feira	APRENDA	"Nosso desafio hoje é APRENDER algo sobre cada cliente."
Quarta-feira	AJUDE	"Nosso desafio hoje é nos concentrar em AJUDAR os clientes."
Quinta-feira	SORRIA	"Nosso desafio hoje é SORRIR para os clientes."
Sexta-feira	CONQUISTE	"Nosso desafio hoje é CONQUISTAR novos clientes."
Sábado	CUMPRIMENTE	"Nosso desafio hoje é CUMPRIMENTAR cada cliente."
Domingo	ELOGIE	"Nosso desafio hoje é ELOGIAR nossos clientes."

Outra loja do mesmo grupo batizou o sábado de Dia do Batepapo. A proposta era simples: os vendedores seriam incentivados a conversar com o máximo de clientes possível. O resultado foi um aumento de 9% nas vendas.

Mandy Givens, supervisora de uma companhia de seguros, inventou um jogo para motivar sua equipe. Usando um baralho de 52 cartas, ela colou um verbo diferente na frente de cada carta. Às sextas-feiras, ela pedia que cada funcionário de sua equipe de atendimento ao cliente escolhesse uma carta. O desafio era colocar em prática o verbo escolhido ("Cuidar", "Sugerir" ou "Personalizar"). No final do turno, Mandy analisava o desempenho de cada um.

Nick Harris, funcionário do departamento de treinamento de uma construtora, teve uma idéia semelhante. Convidou as pessoas a escolherem um dos envelopes colocados em um "balde da sorte" e então as desafiou a interpretar a situação ou emoção sugerida pela mensagem dentro do envelope.

Já Suzanne Cohen, gerente do call center de uma empresa de telecomunicações, aproveita o início de cada mês para escolher um slogan ("tom emocional caloroso" ou "vivencie o problema do cliente") para cada dia de trabalho. A proposta é que os atendentes apliquem o conceito do dia nas conversas com os clientes.

Alguns líderes mandam para seu pessoal uma "citação do dia" a título de incentivo. Eis algumas sugestões:

◊ "O serviço de atendimento ao cliente é uma especialização cujo objetivo é fazer cada cliente se sentir especial."
◊ "Cada contato com o cliente é uma oportunidade de fazer negócios."
◊ "A confiança é a base de todos os relacionamentos."
◊ "Aqueles que não se dispõem a aprender coisas novas perdem muitas oportunidades na vida."
◊ "Se você gosta do cliente, ele provavelmente gostará de você."
◊ "A pessoa mais importante é aquela com quem você está agora."
◊ "Para conseguir fechar um negócio, você tem que acreditar em si mesmo."

Pequenas ações de motivação, como escolher uma palavra, frase ou citação que estimule e crie uma energia positiva em cada dia de trabalho, são desafios úteis para você e para sua equipe. Não só permitem uma renovação como também estimulam o esforço de transformar a teoria em prática, além de evitar que as pessoas se deixem levar pelo hábito, pelo cansaço e pelo desgaste do dia-a-dia.

O tema ou a palavra de ordem selecionada funciona ainda como instrumento de avaliação dos resultados obtidos no trabalho, e até do processo de treinamento.

PASSO 40
Motive sua equipe escolhendo uma palavra de ordem para o dia de hoje. Avalie o desempenho de todos no final do dia.

DICA
No início, era a palavra. Depois, era o comportamento que colocava a palavra em prática.

A PSICOLOGIA
DO COMPORTAMENTO

A frase "está tudo na mente" é um chavão, mas é verdadeira. É ali que tudo começa. As pequenas coisas que você faz refletem o que está em seus processos mentais conscientes e subconscientes.

No que se refere ao subconsciente, estamos falando de rotinas automáticas (como amarrar o cadarço do sapato ou escovar os dentes). No caso da mente consciente, trata-se das escolhas comportamentais que fazemos todos os dias quando estamos com clientes (se fazemos ou não contato visual com alguém e se vamos ou não abrir a porta para o outro). No fim, tudo tem a ver com a psicologia – a nossa ou a de nossos clientes e colegas.

Por essa razão precisamos trabalhar as atitudes e os estados mentais para ter certeza de que estamos fazendo o máximo pelos clientes.

41 Motive-se
42 A preparação é a chave do sucesso
43 A percepção para identificar oportunidades
44 Arrisque-se junto com os clientes
45 Use o bom senso

41 MOTIVE-SE

Concentre-se na criação de ações que estimulem e agradem aos clientes.

"Eu me apaixonei pela Ásia", disse Julie Mead ao voltar da viagem de lua-de-mel na Tailândia com Sean, seu marido. Ela só tem elogios para o pessoal do hotel Shangri-La, em Bangcoc. "Os funcionários faziam tudo para nos agradar. O prazer deles era a nossa satisfação."

Nem mesmo a alergia de Julie a nozes era um problema no hotel; os garçons se davam ao trabalho de descrever todas as comidas do bufê e a alertavam para qualquer prato que levasse nozes em sua preparação. Essa experiência foi bem diferente da que Julie teve quando jantou num caro e famoso restaurante de Londres. Os garçons não deram atenção à sua alergia e ela acabou tendo uma grave reação ao docinho que comeu no final da refeição.

O sucesso de qualquer negócio só é possível se cada membro da equipe se empenhar sinceramente em agradar ao cliente. E isso está relacionado à motivação pessoal de cada profissional, algo que não pode ser imposto pelos chefes nem resolvido com alguns programas de motivação.

A questão é complexa e, dependendo da resposta que você der à pergunta "Por que venho trabalhar?", suas prioridades precisam ser revistas. Se disser que "trabalha apenas para ganhar a vida" ou "para agradar ao meu chefe", trate de se reciclar, pois a resposta ideal é: "Para assegurar que os clientes tenham a experiência mais positiva possível."

Uma coisa que você pode fazer hoje é pensar seriamente na pergunta: "Por que venho trabalhar?"

Quando o objetivo de cada funcionário é fornecer um serviço de alto nível para o cliente, a empresa tem tudo para dar certo. Os clientes percebem a vibração positiva e ficam encantados de serem bem tratados. Da mesma forma, notam quando os funcionários agem mecanicamente e não se esforçam para lhes agradar. Nesse caso, a tendência é se afastarem.

Quando a satisfação é total e absoluta, tudo se encaixa: os funcionários ficam motivados, os gerentes realizados e os acionistas tranqüilos. Como sempre, é muito melhor negociar com uma pessoa simpática do que com uma antipática.

O estado de espírito entusiasmado e positivo depende da energia emocional de cada membro da equipe. Quando os clientes usufruem um serviço de alto nível é porque houve dedicação e empenho por parte dos funcionários. Não há como escapar disso. Para nos sentirmos motivados, precisamos fazer uma reflexão profunda a fim de entender o que nos impulsiona na vida. Não dá para fingir que realizar um serviço excepcional é o que nos motiva quando, na verdade, temos apenas objetivos pessoais e pouquíssimo interesse pelos clientes.

Reflita sobre isso e defina o que o deixa estimulado em relação ao trabalho.

PASSO 41
Seja honesto com você mesmo e admita o que o motiva a trabalhar. Se não for para "fornecer um serviço de alto nível ao cliente", tente entender as suas razões e depois discuta o assunto com sua equipe e seu chefe.

DICA
Para oferecer um serviço de alto nível é preciso ter a seguinte motivação: fornecer aos clientes a experiência mais positiva possível.

42 A PREPARAÇÃO É A CHAVE DO SUCESSO

Todos os dias, antes de começar a trabalhar, prepare seu estado de espírito para criar um ambiente bem-humorado.

"Digo a mim mesma que hoje não vai ser apenas outro dia, mas um dia melhor", conta Clara Tan, que trabalha no Aeroporto Changi, em Cingapura. A caminho do trabalho, ela prepara seu espírito antes de começar seu turno. Sua positividade se reflete em suas atitudes. "Às vezes é difícil. Somos maltratados pelos passageiros, mas, sempre que consigo atender um cliente com um sorriso, me sinto realizada", explica Clara. "Meu objetivo é fazer o melhor possível para cada cliente todos os dias." Isso a faz vibrar.

A verdade é que você só pode fazer a diferença para os clientes se estiver disposto a se empenhar em cada pequena ação que realiza diariamente. Para isso é preciso preparar sua mente, inundá-la de pensamentos positivos antes de começar a trabalhar. Idéias negativas devem ser substituídas. Pense, por exemplo, nas pessoas interessantes que você encontrará nas próximas oito horas e nas diferentes oportunidades que surgirão para lhes agradar.

Exercite-se diariamente para criar o estado de espírito necessário para lidar com os clientes. Essa preparação é essencial. Você pode fazê-la durante o banho, no engarrafamento ou enquanto caminha do estacionamento até a sua sala. Quando você não se prepara, sua mente se fixa em outros assuntos e você corre o risco de ser influenciado por pensamentos negativos.

Suzette Martell, funcionária da rede de lojas ODEL, no Sri Lanka, ouve música revigorante todas as manhãs antes de ir para o trabalho. Isso a deixa bem-humorada e com disposição para enfrentar o primeiro cliente.

As empresas de sucesso, obviamente, têm interesse em criar uma perspectiva otimista das boas coisas que acontecem durante o expediente. Para elas, todo funcionário precisa manter um estado permanente de entusiasmo e estar sempre pronto para receber o cliente da melhor maneira possível, mesmo em situações incomuns.

Basta ter um breve pensamento ao acordar todos os dias: "Hoje vai ser um grande dia. Tudo vai dar certo."

PASSO 42
Antes de ir para o trabalho, pense nos clientes que encontrará durante o dia e nas experiências positivas que você lhes propiciará.

DICA
Você só poderá fazer a diferença para os clientes se estiver motivado e empenhado em fazer o melhor que puder.

43 A PERCEPÇÃO PARA IDENTIFICAR OPORTUNIDADES

Esteja consciente de tudo o que acontece à sua volta e se esforce para deixar o cliente satisfeito.

Um dos maiores problemas do serviço de atendimento ao cliente é que os funcionários geralmente não prestam atenção nos clientes e nas suas necessidades. Por exemplo, não percebem que:
◇ Um cliente quer pagar a conta.
◇ Formou-se subitamente uma fila.
◇ Um cliente está procurando ajuda.
◇ Um cliente está tentando encontrar um item que deseja.
◇ A própria fisionomia de quem serve o cliente tem um impacto sobre ele.
◇ Os clientes estão indo embora, frustrados em sua tentativa de obter serviço.
◇ Uma mesa está suja e os clientes estão procurando um lugar para sentar.
◇ Um cliente disse algo e fez uma pergunta.
◇ Os funcionários estão irritando os clientes ao ignorá-los.
◇ Há lixo no chão.
◇ O cliente está com pressa.

Geralmente os funcionários se limitam a fazer o que lhes mandam ou fazer apenas o que querem (como conversar com os colegas de trabalho). Mas o que o cliente deseja deles é simples – basicamente, atenção e disponibilidade.

Para criar conexões positivas, a percepção a respeito do cliente tem que ser apurada. É necessário desenvolver a intuição, manter-se alerta e sentir quando o cliente requer atenção. Também é preciso ter um ouvido atento e a capacidade de decifrar o que o tom de voz e o estado emocional dos clientes revelam.

Quando você aumenta seu nível de consciência em relação aos clientes e suas necessidades, consegue reagir com mais presteza às pequenas coisas que acontecem ao seu redor. Por exemplo, um cliente que parece estar perdido ou precisando de ajuda ou uma fila que surgiu de repente. Nessas situações, o funcionário precisa se mostrar proativo – "Vou atendê-lo em um minuto" – e tomar medidas para que outro guichê seja aberto.

Só as pessoas perspicazes conseguem detectar oportunidades de fazer algo especial. É o caso de se oferecer para ajudar um cliente carregado de compras a levar suas sacolas até o carro. Ou então de ser mais ágil na finalização da transação ao notar que o cliente está com pressa.

A percepção é um processo mental em que as pessoas selecionam sinais que indicam a necessidade de uma ação. Como a percepção é impulsionada basicamente por nossos valores, tendemos a não ter consciência daquilo que não achamos importante. Se considerarmos o cliente e seu bem-estar realmente valiosos, precisamos identificar as necessidades deles para poder tentar atendê-las.

PASSO 43
Preste atenção nos clientes.
Preste atenção nos clientes que estão precisando de ajuda.
Preste atenção nas necessidades dos clientes.
Preste atenção nas coisas que agradam aos clientes.
Ao prestar atenção, você se mantém consciente.

DICA
Funcionários perceptivos em relação aos clientes são muito mais eficazes.

44 ARRISQUE-SE JUNTO COM OS CLIENTES

Assuma riscos e ultrapasse os limites para realizar um serviço de alto nível. Isso aumenta sua chance de ser bem-sucedido.

Muitas empresas têm aversão ao risco. Vivem na ilusão de que não precisam se aventurar para ser bem-sucedidas. Mas a mediocridade é o resultado de quem segue os mesmos velhos procedimentos, supostamente formulados e adaptados para obter o melhor ganho possível. Porém não há nenhuma vantagem nessas fórmulas. Para conquistar o sucesso é fundamental correr riscos.

A pergunta-chave é: "Quem assume o risco?" Nas organizações mais burocráticas ninguém se candidata, exceto os altos executivos. Tudo é decidido pela diretoria. Delegar poder não é uma possibilidade que se leve em conta e os funcionários se sentem incapazes de assumir decisões fora das regras e dos procedimentos usuais.

Ao contrário disso, nas companhias mais dinâmicas os empregados são estimulados a assumir a responsabilidade pelas decisões que tomam. Sentem-se autorizados a quebrar regras em benefício do cliente, mesmo sabendo que sua decisão pode ter conseqüências negativas.

Para se orientar e poder decidir como se comportar, o funcionário precisa decifrar os pequenos sinais enviados pelos clientes e assumir os riscos de responder a essas necessidades da melhor forma possível:

- ◊ Arrisque-se e chame o cliente pelo primeiro nome.
- ◊ Arrisque-se e aborde um cliente mal-humorado.
- ◊ Arrisque-se e comente sobre o novo penteado de uma cliente.
- ◊ Arrisque-se e saia da rotina para ajudar um cliente.
- ◊ Arrisque-se e sugira uma segunda compra ao cliente.
- ◊ Arrisque-se e faça uma brincadeira mesmo quando não tem certeza da resposta.
- ◊ Arrisque-se e resolva o problema de um cliente.
- ◊ Arrisque-se e recompense o cliente que se sentir prejudicado oferecendo-lhe um produto da empresa.

◊ Arrisque-se e faça perguntas pessoais ("Como conheceu sua esposa?" ou "O que gosta de fazer nos fins de semana?").

◊ Arrisque-se e quebre as regras abrindo o escritório 10 minutos mais cedo para atender um cliente.

◊ Arrisque-se e mande flores (ou uma garrafa de vinho) ao cliente.

◊ Arrisque-se e passe por cima de seu chefe para beneficiar o cliente, se achar que é a decisão certa.

Conheço um grupo hoteleiro que instruía sua equipe a não apertar a mão dos clientes quando eles chegavam, pois considerava que isso afastaria hóspedes femininas de certos países. O impacto geral dessa instrução foi um serviço impessoal e distante. Teria sido muito melhor se a equipe fosse aconselhada a ter bom senso e só cumprimentar com um aperto de mão quando achasse que era cabível.

Pequenos riscos podem levar a uma GRANDE satisfação.

É verdade que algumas atitudes podem ofender o cliente. O problema é que ordens rígidas geralmente provocam a falta de comprometimento dos funcionários, que se encolhem diante da perspectiva de assumir riscos. Eles passam a não estender a mão, não sorrir, não conversar e não fazer perguntas – tudo por causa da possibilidade de melindrar de alguma hóspede.

Ao diminuir as possibilidades de insucesso, você também diminui a qualidade do atendimento ao cliente. De acordo com essa visão, é melhor não abordar ninguém para não se arriscar a aborrecer quem não deseja ser incomodado.

O mesmo se aplica às cortesias. O problema de mimar um cliente é chatear aquele que não recebeu nada. Assim, geralmente toma-se a decisão de eliminar o café expresso se ele não puder ser oferecido a todos. Quando se minimiza o risco, a tendência é cair no mínimo denominador comum da mediocridade, da previsibilidade e da falta de entusiasmo.

Para criar um ambiente vibrante não dá para evitar pequenas incertezas. Deve-se pôr música, mesmo correndo o risco de o cliente preferir a quietude. Deve-se ter uma atitude proativa ao iniciar um relacionamento, mesmo correndo o risco de o cliente preferir um comportamento passivo.

PASSO 44
Assuma riscos e amplie os limites de seu próprio comportamento. Converse com quem você normalmente não conversa. Ofereça coisas que você normalmente não ofereceria. Faça algo criativo e arrisque ser rejeitado.

DICA
Não assumir riscos resultará em fracasso.

45 USE O BOM SENSO

Faça com que o cliente se sinta especial. Nada funciona melhor do que o bom senso.

Como a maior parte dos serviços de atendimento ao cliente se baseia no bom senso, causa surpresa que isso seja tão raro. Presume-se que os funcionários tenham tempo para atender os clientes e responder a suas solicitações, mas essa não é a realidade. Em vez de fazer os clientes se sentirem bem, ouvi-los com atenção, entender suas necessidades e fazer todo o possível para ajudá-los, garantindo que tenham a experiência mais positiva possível, muitas empresas agem no sentido oposto. Esquecem qual é a natureza do serviço de atendimento ao cliente e se preocupam mais com o lucro do que com as pessoas que entregam seu dinheiro a eles.

É bom senso
◇ Agradecer.
◇ Sorrir para os clientes.
◇ Dar boas-vindas aos clientes.
◇ Mostrar boas maneiras.
◇ Construir relações com os clientes.
◇ Pedir desculpas quando algo não dá certo.
◇ Manter os clientes informados.

Será que é bom senso
◇ Deixar o cliente esperando?
◇ Não atender o telefone?
◇ Ignorar o cliente?
◇ Não retornar a ligação?
◇ Permitir que o cliente saia frustrado?

Antes de escrever este capítulo, eu realizei uma pesquisa em 10 estabelecimentos diferentes: um banco, uma loja de apostas, uma padaria, um spa, uma pet shop, uma loja de departamentos, um supermercado, uma farmácia, um café e uma loja de turismo. Em cada um deles eu era um novo cliente em potencial, mas nenhum funcionário me cumprimentou quando cheguei. Fui literalmente ignorado; ninguém tentou estabelecer uma relação comigo.

Quando escolhi uma mercadoria e me aproximei do balcão, o pessoal se limitou a cumprir sua tarefa: processou a transação e empacotou o produto. Ninguém perguntou qual era o meu nome. A comunicação foi mecânica e rotineira. Saí de cada um desses lugares sem qualquer motivo para voltar.

O problema é que o bom senso raramente é aplicado. Pouca gente se lembra de agradecer uma gentileza que recebeu, e a maioria dos funcionários não presta atenção nos clientes ou simplesmente os ignora quando tem outra coisa na cabeça.

Há um modo melhor de fazer isso?

O desafio de criar um ambiente entusiasmado é acabar com os maus hábitos. Em tese, as pessoas sabem que não deveriam fumar, beber ou comer demais, mas poucas conseguem desistir do hábito, restringir a quantidade de bebida e dizer não àquela sobremesa apetitosa. Da mesma forma, todos sabem que deveriam se exercitar com regularidade, mas poucos conseguem enfrentar o desafio de encontrar o tempo e a energia para fazê-lo.

Na verdade, sabemos quais são os comportamentos desejáveis, mas deixamos que as pressões da vida diária tomem conta de nossas preocupações. Assim, negligenciamos nossas atitudes.

É preciso ter bom senso para dar ao cliente o nosso melhor, mas, sem dúvida, é muito mais fácil fazer o mínimo. Da mesma forma, é preciso se interessar pelo cliente, ouvi-lo atentamente e examinar suas necessidades com o objetivo de satisfazê-las, mas é muito mais simples se concentrar nos procedimentos rotineiros que exigem menos dedicação.

Não é difícil fazer com que o cliente se sinta especial; basta ter dedicação e energia criativa.

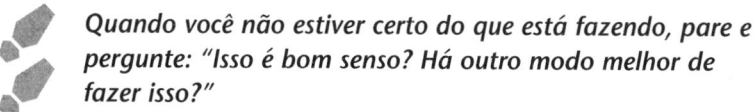

PASSO 45
Quando você não estiver certo do que está fazendo, pare e pergunte: "Isso é bom senso? Há outro modo melhor de fazer isso?"

DICA
O bom senso tem que ser desafiado para ser aplicado.

UM RELACIONAMENTO DE QUALIDADE

O sucesso é um reflexo de todas as escolhas feitas por uma equipe. Quando os integrantes estão ligados no modo automático, não há escolha; eles agem apenas de acordo com instruções pré-programadas. Comportam-se como robôs. Mas quando se levam em consideração as infinitas opções, há uma variedade enorme de maneiras de conversar com um cliente, fazer sugestões, ouvi-las e dar idéias.

Cada interação com o cliente apresenta uma escolha. Você pode decidir fazer desse contato uma experiência de qualidade, com um serviço de atendimento de alto nível, ou pode optar pela rotina de uma relação comum, sem nada de especial.

46 Elogie os clientes
47 Chame seus clientes pelo nome
48 Boas ações e gentilezas podem fazer a diferença
49 É importante fazer promessas e cumpri-las
50 Dê ao cliente o máximo de sugestões possível

46 ELOGIE OS CLIENTES

Desafie-se a descobrir uma oportunidade para elogiar um cliente hoje.

Maria Rincon estava experimentando um chapéu na loja de departamentos Peter Jones, em Londres. A única vendedora disponível, Drusilla, atendia naquele momento outra cliente, mas fez contato visual com Maria e sinalizou que iria atendê-la num minuto. Cumpriu a promessa. Ao se aproximar, Drusilla olhou-a com admiração: "A senhora fica linda com esse chapéu."

No restaurante do Castle Hotel, em Windsor, a garçonete me elogiou pela escolha do prato principal, dizendo que também era o seu preferido. Por algum motivo inexplicável, usufruí mais a refeição sabendo que minha escolha fora aprovada pela garçonete.

É tão fácil elogiar clientes; apesar disso, poucos profissionais aproveitam a oportunidade de fazê-lo. Aqui vão mais alguns exemplos:

- "Gosto muito da loção pós-barba que o senhor está usando. Importa-se de me dizer qual é?"
- "Fico admirada de ver como seus filhos se comportam bem."
- "Estou absolutamente convencido de que o senhor tomou a decisão certa."
- "Fiquei impressionada com sua atitude em relação ao assunto."
- "O senhor está realmente elegante com esse terno."
- "O senhor está com uma ótima aparência hoje."
- "Adoro seu penteado."
- "Tenho que elogiar seu conhecimento do assunto."
- "Acho que a senhora está sendo muito sensata. É melhor deixar a compra para outra vez."
- "Agradeço-lhe muito por ter trazido a peça do equipamento. Precisamos realmente saber quando nossos produtos não estão funcionando bem."

Fazer elogios (a clientes, colegas, funcionários e outras pessoas) é um hábito que todos precisamos adquirir e aplicar durante a vida. A exaltação das qualidades do outro traz ao relacionamento uma vibração positiva e facilita a interação calorosa e amigável. Os clientes adoram isso.

Há, no entanto, algumas recomendações para evitar mal-entendidos:
- ◊ O elogio deve ser original e específico.
- ◊ O elogio deve ser sincero e autêntico.
- ◊ O elogio deve ser espontâneo (jamais programado ou rotineiro).
- ◊ Se surgir oportunidade, elogie os clientes todos os dias.
- ◊ O elogio pode se transformar em lisonja, se você achar adequado à situação.
- ◊ O elogio não deve ser excessivo.

Com todo o respeito à prática da adulação, o melhor é elogiar com moderação. Por exemplo, diga a um idoso cheio de energia: "O que o senhor faz para se manter tão jovem?"

A prática do elogio também deve se estender ao público interno e a qualquer integrante de sua equipe ou de outro departamento. Não economize na hora de exaltar as qualidades de alguém – todo mundo adora receber um agrado, inclusive seu chefe, seu diretor e todos os seus colegas.

Elogiar é fácil. Basta sair da rotina diária para buscar o que os outros têm de bom. Quando você se concentra nas coisas positivas, os elogios vêm naturalmente.

PASSO 46
Estude cuidadosamente os clientes e identifique neles pelo menos uma coisa que seja digna de ser elogiada.

DICA
Qualquer cliente que faz negócio com você precisa ser elogiado.

47 CHAME SEUS CLIENTES PELO NOME

O melhor modo de personalizar o relacionamento e aumentar a auto-estima do cliente é chamá-lo pelo nome.

O maître do restaurante que a consultora de executivos Dianne Colley freqüenta sempre a recebe na porta e a cumprimenta pelo nome. Simples, não é? Não. Quantas vezes as pessoas o chamam pelo nome quando você visita um estabelecimento pela segunda ou terceira vez?

Uma das práticas mais modernas no serviço de atendimento ao cliente é recomendar aos funcionários que chamem os clientes pelo nome; entretanto, poucos o fazem. Os nomes dos clientes geralmente estão visíveis: no cartão de embarque, no comprovante de pagamento do banco, no cartão de crédito, no passaporte, na lista de reservas ou no formulário de registro. As oportunidades para usar o nome do cliente são intermináveis, mas raramente são utilizadas.

E mesmo se a informação não estiver lá, não é difícil perguntar: "Meu nome é Teresa, acho que não entendi direito o seu nome." Nessas circunstâncias, a maioria dos clientes fornece o nome de bom grado.

Estudos na área de psicologia e motivação já provaram que a auto-estima do cliente é realçada quando ele ouve seu próprio nome. Isso o faz se sentir importante. Além disso, quando seu nome é conectado com o da pessoa com quem está lidando, a relação é fortalecida ainda mais. Funciona para ambos os lados.

Cecilia Estrop trabalha no serviço de atendimento ao cliente do aeroporto Changi, em Cingapura, e adora ajudar clientes com problemas. Vôos adiados, malas perdidas ou danificadas, marcação errada de assentos – todas essas coisas geralmente deixam as pessoas muito zangadas. Portanto, o primeiro contato de Cecília é com alguém prestes a perder as estribeiras. Ela logo se apresenta, entrega um cartão com seu nome e então pergunta o nome do cliente, se ainda não sabe. Isso cria um vínculo que facilita a solução de um problema potencialmente difícil.

Discrição e sensibilidade são necessárias na hora de escolher a forma de tratamento. O cliente deve ser chamado de Sr. Confrey ou simplesmente Roger Confrey? A transição do formal para o informal é uma barreira difícil a ser cruzada, e deve ser submetida a um teste. Na dúvida, é melhor ser formal. Mas, se quiser perguntar como o cliente gostaria de ser chamado, não há problema. A maioria prefere ser tratado de você, pois a informalidade aumenta os laços e agrega valor ao relacionamento.

Tomar conhecimento dos nomes, lembrá-los e utilizá-los é um desafio básico porém essencial em um atendimento de alto nível.

PASSO 47

Faça o jogo do nome com seus colegas de trabalho. Trace duas colunas numa folha de papel em branco e coloque de um lado "Clientes habituais" e do outro "Novos clientes". No fim do dia (ou no início do dia seguinte), anote os nomes dos clientes que você se lembra de ter encontrado naquele dia.

DICA

Quanto mais clientes você conseguir memorizar, melhor será a qualidade de seu atendimento.

48 BOAS AÇÕES E GENTILEZAS PODEM FAZER A DIFERENÇA

Seja atencioso com os clientes e vá além do atendimento profissional padrão.

A maioria das pessoas tem uma índole boa. Todas querem ser confiáveis e moralmente corretas em suas atitudes com os outros e esperam ser tratadas da mesma maneira. Realizar boas ações é a conseqüência natural de quem possui esse tipo de temperamento. E isso cria um ambiente positivo e entusiasmado tanto na vida pessoal quanto na vida profissional.

No trabalho, boas ações são aquelas pequenas gentilezas que você faz para agradar aos clientes. Não é algo que possa ser incluído nas tarefas diárias ou mesmo receitado por um gerente. Trata-se de uma iniciativa individual, que faz parte de seu caráter. Quando você instrui outra pessoa a realizar algo positivo, a ação perde essa característica e se torna apenas uma tarefa designada por outra pessoa.

A seguir, alguns exemplos de boas ações:

- ◇ Quando um cliente menciona que o filho está doente, o funcionário telefona no dia seguinte para perguntar como está passando a criança.
- ◇ Um funcionário descobre que uma cliente está prestes a casar e lhe envia um cartão de felicitações.
- ◇ A cliente mencionou rapidamente que se interessa por homeopatia, então você lhe envia um recorte de jornal sobre o assunto.
- ◇ Uma mulher que liga para falar sobre sua conta telefônica comunica orgulhosamente ao funcionário do call center que está prestes a se tornar avó. O funcionário então lhe dá um bônus para que ela possa usar mais o telefone quando o feliz evento ocorrer.
- ◇ A funcionária do serviço de atendimento ao cliente envia uma carta escrita à mão se desculpando por um erro cometido por sua empresa.
- ◇ Uma vendedora distrai uma criança para fazê-la parar de gritar.
- ◇ Uma recepcionista ajuda um idoso numa cadeira de rodas, levando-o até a esposa dele.
- ◇ Uma equipe de analistas de crédito da empresa aérea Rand Air, da África do Sul, liga para os clientes que pagam antes do prazo para agradecer.

Um fator-chave no modo como os clientes julgam a qualidade do serviço de atendimento é a maneira como são tratados pelo funcionário. Pode ser uma palavra de simpatia, um cartão de desconto ou o serviço de entrega em domicílio. Numa loja de artigos de couro, vi uma funcionária oferecer seu próprio celular para uma cliente que tentava ligar para o marido e descobrira que a bateria de seu celular estava descarregada.

> Quando foi a última vez que você realizou uma boa ação para um cliente?

Para a maioria dos clientes, o atendimento normal – rápido, eficiente e simpático – é considerado nada mais do que uma obrigação básica. Não é nem sequer motivo de comentário entre os colegas e amigos. O que de fato chama sua atenção são as boas ações e amabilidades que fogem à rotina do profissionalismo.

O simples fato de que o funcionário foi além do protocolo e ofereceu uma atenção extra é do agrado dos clientes. Não precisa ser nada extraordinário; uma boa idéia talvez seja suficiente.

Abrir a porta para receber o cliente, preparar pessoalmente um café expresso para ele, levantar de sua cadeira atrás da mesa e sentar ao lado dele para demonstrar sua deferência – são essas pequenas gentilezas que podem render grandes negócios.

PASSO 48
Torne-se um especialista em boas ações em sua empresa. Desafie-se a realizar uma boa ação a cada dia.

DICA
Nunca espere receber nada em troca por ter realizado uma boa ação, pois ela deixaria de ser uma boa ação e se tornaria uma transação.

49 É IMPORTANTE FAZER PROMESSAS E CUMPRI-LAS

Fazer promessas aos clientes significa criar relações de confiança.

Promessas são símbolos de uma relação de confiança estabelecida entre duas pessoas. Quando elas deixam de ser cumpridas, o sentimento de confiança desaparece.

Os clientes o julgam pelas pequenas e grandes promessas que você faz e cumpre. Se você não se comprometer a dar ou a fazer alguma coisa, é improvável que mantenha seus clientes, pela simples razão de que são as promessas que criam os vínculos com eles.

Assim, é importante fazer promessas e cumpri-las. Comprometa-se a fazer algo que lhe dê a oportunidade de demonstrar ao cliente sua disponibilidade. É importante que ele perceba que sua prioridade é satisfazer as necessidades e expectativas dele.

Aqui vão alguns exemplos de promessas que você pode fazer ao cliente:

- "Estarei com você num minuto."
- "Eu lhe dou um retorno na sexta-feira."
- "Ligo para você dentro de 10 minutos."
- "Vou ligar para o fornecedor para me certificar de que a mercadoria será entregue, no máximo, na segunda-feira."
- "Isso vai levar algumas semanas, mas vou mantê-lo informado do progresso."
- "Se houver algum problema com o produto, por favor, me avise para que eu possa providenciar a troca."
- "Darei uma passada daqui a três meses para ver como você está indo com a nova máquina."
- "Confesso que não sou um especialista nisso. Vou pedir para Ismail Waheed, nosso técnico, ligar para você dentro de 24 horas e lhe dar uma orientação."
- "Posso lhe assegurar que o almoço será servido dentro de uma hora."
- "Vou resolver esse problema, não se preocupe. Eu aviso quando estiver tudo certo."

Em cada um dos exemplos citados há uma promessa a ser cumprida. Se você disser que ligará em um minuto, precisa fazê-lo. Se disser que vai passar lá dentro de três meses, não pode falhar.

Não faça promessas que não tenha certeza de poder cumprir. Por exemplo: "Garanto que sua esposa vai ficar encantada com esse presente" (será que você conhece a esposa do cliente tão bem assim?) ou "Se você visitar nosso parque de diversões, prometo que vai se divertir" (o que pode não acontecer se o tempo estiver ruim e algum brinquedo não funcinar).

É essencial esclarecer a diferença entre resultado e conseqüência. É muito arriscado prometer um determinado resultado, embora se possa prever a conseqüência. Ou seja, não dá para se comprometer com grandes realizações, mas dá para garantir que o atendimento será de alto nível.

A estratégia é buscar todas as oportunidades possíveis de oferecer algum benefício ao cliente – e cumprir o prometido, é claro. Assim, você gera compromissos e comportamentos positivos que o vinculam ao cliente, ao mesmo tempo que tranqüiliza o cliente e estabelece uma relação de confiança que o leve a procurá-lo novamente.

Fazendo e cumprindo promessas você gera a sensação de segurança que é essencial em todos os relacionamentos.

PASSO 49
Não esqueça – e anote para garantir – as promessas que você faz. E trate de cumpri-las.

DICA
Para atrair os clientes para sua empresa, prometa um atendimento de alto nível. Faça essa promessa todos os dias e trate de cumpri-la.

50 DÊ AO CLIENTE O MÁXIMO DE SUGESTÕES POSSÍVEL

Ao fornecer informações valiosas para os clientes você ganha pontos em seu relacionamento com ele.

Estamos no meio da tarde numa pequena brasserie parisiense e o chef surge com uma bandeja contendo uma fumegante torta de limão. Enquanto os clientes tomam seus cappuccinos, ele apresenta a bandeja a cada um e faz um gesto, sugerindo que comam uma fatia. A maioria fica tentada e aceita. Nenhuma palavra é pronunciada. Com um gesto simples ele acrescentou um bom lucro à féria do dia.

Um cliente visitou a Austin Reed, em Londres, a fim de comprar um terno novo para um casamento. Após ter escolhido o terno, o vendedor sugeriu que ele adquirisse uma nova camisa e uma nova gravata, juntamente com um novo par de sapatos: "O senhor não pode ir a um casamento com uma camisa velha, sem falar numa gravata de três anos e um velho par de sapatos." A sugestão fazia todo o sentido e, é claro, foi aceita. Ponto para o vendedor, que aumentou sua venda em 20%.

Em outra filial da mesma rede, um cliente viu uma camisa de mangas curtas na vitrine. Entrou na loja para examiná-la. "O senhor vai para algum lugar quente?", perguntou o vendedor. "Estou indo para a Arábia Saudita", replicou o cliente. "O senhor vai precisar de um terno leve, lá. Já comprou um?" indagou o vendedor. "Não, estou pensando em levar o meu antigo." "Temos uma variedade de ternos de tecido leve que acabaram de chegar. Sugiro ao senhor que dê uma olhada neles." Obviamente o terno leve foi comprado, embora a intenção inicial fosse apenas adquirir uma camisa de mangas curtas.

Outro exemplo aconteceu num café em Windsor. Quando os clientes pedem um café expresso, quem atende invariavelmente sugere um grande, a não ser que o cliente peça um pequeno. O atendente também sugerirá um bolinho saído do forno para acompanhar o café.

Não há nada de imoral ou desonesto em sugerir aos clientes serviços adicionais que possam ir ao encontro de suas necessidades. Na verdade, na maioria dos casos, trata-se de um benefício. Uma vendedora comenta: "O cliente pode ficar aborrecido se comprar um laptop e descobrir, quando chegar em casa, que os acessórios não estavam incluídos no preço e que a pessoa que o atendeu nem sequer falou do assunto."

A sugestão é como um conselho proativo. Ela ajuda. Clientes são tão esquecidos e tolerantes quanto qualquer um de nós e às vezes precisam apenas de uma pequena dica para entrar no caminho que desejam. O importante é que o hábito de sugerir não fique atrelado apenas à questão comercial. O profissional de alto nível se preocupa em dar idéias sobre qualquer coisa que beneficie o cliente.

Até o caixa do banco, ao descobrir que é a primeira visita do cliente à Cidade do Cabo, pode sugerir algum restaurante imperdível ou então excursões para ver as baleias em seu habitat natural. O importante é ter a boa vontade de tentar ajudar o cliente.

Ao fornecer informações valiosas aos clientes você ganha pontos em seu relacionamento com ele. É necessário apenas descobrir o que é importante para os clientes e então passar a lhes dar dicas e sugestões relacionadas ao assunto. Pode ser o último livro de Harry Potter se for uma cliente com filhos pré-adolescentes ou o musical de temática indiana *Bombay Dreams*, se for alguém interessado em cultura étnica e diversidade cultural.

Se você gosta de fazer sugestões, saiba que isso funciona como uma via de mão dupla. Seja receptivo às sugestões dos clientes, sejam elas relativas a mudanças no horário de funcionamento ou a correções na oferta de produtos e no serviço de entrega.

Dar sugestões significa ajudar os outros a aproveitar oportunidades para melhorar suas vidas.

PASSO 50
Faça um esforço para dar sugestões a pelo menos 10 clientes por dia. E preste atenção no feedback deles.

DICA
Os negócios melhoram quando você passa a sugerir o melhor para o cliente.

AGRADECIMENTOS

Escrever um livro dificilmente é um processo suave em que o autor produz um original perfeito que se transforma em um livro perfeito. Com freqüência, o produto final melhora substancialmente com as contribuições de membros da equipe que trabalham nos bastidores, aconselhando e encorajando o autor a fazer mudanças. Pode ser trabalhoso e devo confessar que não sou o autor mais fácil de se lidar nesse aspecto. É fácil dar conselhos, mas não aceitá-los.

Pensei ter escrito o livro perfeito até que Nicholas Brealey, meu editor cuja paciência devo ter exaurido, me convenceu de que o texto poderia melhorar. Retrospectivamente, vejo que ele estava certo. Sinto-me em dívida com Nicholas e com sua excelente equipe de apoio – Victoria Bullock, Angie Tainsh e Sally Lansdell – por suas sugestões e sua paciência em lidar comigo.

Como em muitas ocasiões anteriores, minha esposa Mechi foi supercompreensiva com minhas ausências, no período em que eu estava pesquisando e escrevendo este livro (e seu livro gêmeo). Ela também deu muitas contribuições, pelo que lhe agradeço.

Entretanto, a inspiração primordial vem dos muitos profissionais de altíssimo nível que tive o privilégio de conhecer pelo mundo afora. De vendedores a diretores executivos cuja abordagem moderna – orientada para as pessoas e focalizada no cliente – é mencionada neste livro, eu gostaria de agradecer a cada um pela inspiração.

CONHEÇA OUTRO TÍTULO DE DAVID FREEMANTLE

DE OLHO NA EQUIPE

"O que você traz no coração vale mais do que o que você traz na bolsa."
Confúcio

Que o sucesso de qualquer empresa depende basicamente da qualidade de seus profissionais, todo mundo sabe. O que nem todos sabem – e este livro revela – é que são as pequenas decisões e ações diárias tomadas pelos líderes que motivam sua equipe a ter o melhor desempenho possível e a atingir os objetivos traçados pela empresa.

Segundo David Freemantle, liderar não é apenas criar grandes estratégias e traçar objetivos de longo prazo. Na verdade, cada atitude ou escolha feita pelo líder, até mesmo a hora que chega para trabalhar, têm um forte impacto sobre a equipe. A maneira como você atende o telefone, responde os e-mails e bate-papo com o assistente – todos esses hábitos são observados atentamente pelos funcionários, que se sentem motivados a reproduzi-los em seu dia-a-dia.

Numa linguagem simples, inteligente e divertida, este livro traz 50 lições valiosas para quem deseja se tornar um líder inspirador e bem-sucedido. Conheça algumas delas:

- ◊ Para um líder competente, o que importa são as pessoas. Para um incompetente, o que importa é o lucro.
- ◊ Lidere pelo exemplo. Estabeleça um padrão de comportamento que a equipe possa assimilar.
- ◊ Comemore toda e qualquer vitória. Procure motivar com elogios e evite repreensões.

CONHEÇA OUTROS TÍTULOS DA EDITORA SEXTANTE

ATENDIMENTO NOTA 10
Performance Research Associates

Prestar um Atendimento Nota 10 é criar uma experiência inesquecível para o cliente. É suprir expectativas e satisfazer necessidades, descobrindo oportunidades de surpreender e cativar. E assim fazer com que ele volte sempre.

Com uma linguagem e ilustrações simples e bem-humoradas, *Atendimento Nota 10* aborda os mais importantes aspectos envolvidos em um serviço de alta qualidade. Nesse livro, você encontrará variadas estratégias, técnicas e dicas para prestar o melhor atendimento – pessoalmente, pela internet e pelo telefone.

POR QUE OS CLIENTES NÃO FAZEM O QUE VOCÊ ESPERA?
Ferdinand Fournies

O modo como você conduz um encontro com um cliente é fundamental para definir o sucesso de uma venda, mas o verdadeiro poder está nas mãos dele. A reação do cliente à sua abordagem é o que, de fato, determina se a negociação vai ser bem-sucedida ou não.

O desafio é enxergar as visitas de vendas com os olhos do cliente e fazer com que ele reaja da forma que você deseja – ou seja, fechando a venda o mais rapidamente possível.

Por que os clientes não fazem o que você espera? deixa de lado truques e receitas pré-fabricadas para mostrar ações específicas para melhorar significativamente suas vendas e seus resultados.

INFORMAÇÕES SOBRE OS
PRÓXIMOS LANÇAMENTOS

Para receber informações sobre os lançamentos da
EDITORA SEXTANTE, basta cadastrar-se diretamente no site
www.sextante.com.br

Para saber mais sobre nossos títulos e autores, e enviar
seus comentários sobre este livro, visite o nosso site§
www.sextante.com.br ou mande um e-mail para
atendimento@esextante.com.br

Editora Sextante
Rua Voluntários da Pátria, 45 / 1.404 – Botafogo
Rio de Janeiro – RJ – 22270-000 – Brasil
Telefone (21) 2286-9944 – Fax (21) 2286-9244
E-mail: atendimento@esextante.com.br